한국형 리더십

DIGITAL ANALOG CONVERGENCE LEADERSHIP

15가지 태극원리에서 배우는

한국형
리더십

| 박영찬 지음 |

매일경제신문사

정신을 집중하고

편안한 마음으로

이 책을 펼쳐 보세요.

불안하고 초조한 사람이면

생각을 내려놓고 마음을 비우고 읽어 보세요.

삶에 대한 비전을 갖고 있는 사람이면

반드시 읽어 보시길 바랍니다.

당신이 살아가는 데 보탬이 될 것입니다.

하늘과 땅과 사람의 모든 것이

이 책 안에 다 들어 있습니다.

이 책은 정신공부와 마음공부와 몸공부

삼합(三合)에

성공이 달려 있다는 것을 알려 주고 있습니다.

필자는 2004년부터 한국과학기술원(KAIST) 학생들에게 '인성 리더십 커뮤니케이션 훈련과 스피치 프레젠테이션'을 강의하고 있다. 또 2006년부터는 KAIST '바이오 및 뇌공학과'에서 학부생 및 대학원생들을 위한 '사이언스 리더십 및 커뮤니케이션' 강좌를 담당하면서 과학적 글쓰기와 말하기를 교육하고 있다.

두 강의는 모두 마지막 과제로 '태극원리를 활용한 프레젠테이션'을 하게 되는데, 이때 나왔던 학생들의 자료를 평가하고 관찰하며 정리한 것이 바로 《15가지 태극원리에서 배우는 한국형 리더십》이다.

위대한 리더십을 구성하는 태극원리는 4개의 큰 기둥인 건곤감리(하늘, 땅, 물, 불)에서 12가지, 그리고 태극기의 원, 음양, 선과 흰 바탕의 여백에서 3가지 등 모두 15가지로 구성된다.

하늘(天)이 없다면 땅(地)도 없다. 하늘이 있기에 땅이 있고, 땅이 있기에 물(水)과 불(火)이 존재한다.

건(乾☰), 곤(坤☷), 감(坎☵), 리(離☲)의 4괘 즉 하늘과 땅과 물

건(乾☰): 무한성, 창의성, 지향성

곤(坤☷): 다양성, 공평성, 정직성

감(坎☵): 생명력, 유연성, 투명성

리(離☲): 역동성, 표현력, 인류애

정신(精神)공부 + 마음(心)공부 + 몸(身)공부 + 조화(造化)공부

태극원리 원형 큐브

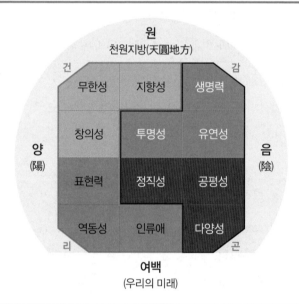

과 불, 태극(太極◉)의 음양(陰陽), 선과 흰 바탕의 여백(□), 그리고 원(○)은 하나의 바퀴가 굴러가듯이 질서와 조화 속에 서로에게 있어 없어서는 안 될 소중한 존재들이다.

이러한 태극에서 찾은 15가지 원리를, 음(陰) 15일은 원리를 이해하는 기간으로, 양(陽) 15일은 원리를 실천하는 기간으로 실천해 나간다면 합(合) 30일 완성으로 우리들 삶에 있어 하나의 지침이 될 것이다.

위대한 리더십은 있는 그대로의 모습을 받아들이고, 변화하는 세상에 능동적으로 대처할 수 있는 실력과 인품을 함께 갖추는 것이다. 따라서 과거와 현재, 미래를 깨우쳐 위대한 리더십을 발휘하고 싶다면 태극원리를 깊이 이해하시고 실천해 보기 바란다.

나를 찾고 세상을 바꾸면서 인류에 헌신할 수 있는 원리가 담긴 이 책이 나오는 데 있어 '과학 리더십 커뮤니케이션' 과목을 최초로 제안하고 개설한 KAIST 이광형 교수님, 그리고 정재승 교수님과 카이스트 리더십 프로그램 창설자 양동열 교수님, 한지로 수놓은 태극 작품이 실리게끔 흔쾌히 허락해 준 스웨덴 대사 부인인 에바 바리외 님께 진심으로 감사드린다.

여러분의 친구 박영찬

CONTENTS

제1장

태극의 주위에는 건(乾☰)·곤(坤☷)·감(坎☵)·리(離☲) 4괘(四卦)가 있다. 하늘, 땅, 물, 불을 상징하는 4괘는 서로가 질서와 조화를 이루면서 인간에게 균형 있는 삶을 살아가라는 진리를 전하고 있다.

하늘을 상징하는 건(乾☰)은 멈춤 상태에서 하는 정신공부(평화)로 탐구 역량을, 땅을 상징하는 곤(坤☷)은 걸으면서 하는 마음공부(행복)로 내적 역량을, 물을 상징하는 감(坎☵)은 상대를 대하면서 하는 몸공부(건강)로 대인 역량을, 마지막으로 불을 상징하는 리(離☲)는 모두가 하나 되는 조화공부(표현)로 세상과의 소통 역량을 뜻한다.

태극에서 찾은
12가지 성공 원리

이 책이 밝히는 태극 4괘를 통한 리더십의 원리는 모두 12가지다. 4괘가 각각 3가지 원리를 제시한다. 하늘은 무한성, 창의성, 지향성. 땅은 다양성, 공평성, 정직성. 물은 생명력, 유연성, 투명성. 불은 역동성, 표현력, 인류애.

이 장에서 나오는 12가지 원리를 체득하면서 깊은 통찰에 젖어들 수 있다면 진정한 리더로 거듭날 수 있다. 지금은 한 명의 천재보다 팀플레이가 중요한 시대다. 하늘, 땅, 물, 불의 원리를 통한 융합형 리더십을 갖춰야 이 시대를 이끌 수 있다.

정신공부

하늘 / 乾 / 天

하늘의 원리 = 무한성, 창의성, 지향성

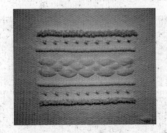

건(乾☰)괘를 한지에 수놓은 에바(Eva)의 작품 '인터랙션(Interaction)'

> "사람은 땅을 본받고, 땅은 하늘을 본받으며,
> 하늘은 도(道)를 본받는다."
> — 노자

태극의 4괘 중 건은 하늘을 뜻한다. 우리가 눈을 들어 위를 바라보면 높이를 상상할 수 없는 푸른 하늘을 보게 된다. 예로부터 하늘은 사람을 다스리고 보살피는 이미지 때문에 리더를 의미하는 하나의 중요한 상징이 되었다.

이는 전 세계 역사에서 다양하게 드러난다. 가깝게는 우리나라 최초의 국가, 고조선의 건국 신화에도 나온다. 인간 세상을 구하는 데 뜻을 두었던 하늘의 신, 환인의 아들 환웅이 하늘에서 내려와 리더로서 홍익인간의 이념을 내세우고 세상을 다스렸다. 고구려 건국 신화에서도 시조인 주몽을 하늘의 아들로 인식한다.

중국은 기원전 1,000년경 주나라 왕을 천자, 즉 하늘의 아들을 상징하는 황제라고 불렀다. 일본 또한 건국 신화에서 그들의 지도자를 천상, 즉 하늘을 다스리는 신으로 여기면서 지금까지도 천황이라고 부르고 있다. 그리스, 로마 신화에서도 많은 신들 중의 리더는 하늘을 통치하는 제우스다.

하늘은 높다. 정신과 마음을 하늘 같이 높게 가지면서 위엄을 갖춘다면 주위에 영향을 미칠 수밖에 없다. 하늘은 또한 넓다. 하늘을 이불 삼아 가만히 누워 있노라면 정신은 높아지고 마음 역시 넓어지는 것을 느낄 수 있다. 하늘의 끝없는 넓이는 바로 포용력, 이른바 도량이다. 높은 이상, 넓은 마음 그 자체로 하늘은 우리에게 무한성(無限性), 끝없는 가능성을 보여 준다.

하늘이라는 말의 유래를 살펴볼 필요도 있다. '넓고 크다' 또는 '같다'를 의미하는 '한'과 '울타리' 또는 '우리'를 의미하는 '울'이 합쳐져 만들어졌다. 이에 따르면 하늘은 큰 울타리, 큰 우리 혹은 같은 이들이 속한 하나의 공동체를 의미하며, 다른 말로는 태일(太一)이라고도 불렸다. 이는 곧 사람들이 가까이할 수 없는 존재의 의미로 하늘을 대했다기보다, '가깝고 친밀한 존재이자 공동체의 대표성을 띠는 존재'로 생각했다는 것을 보여 준다.

하루에 몇 번이나 하늘을 바라보는가? 푸른 하늘을 바라보면서 어떤 생각을 갖게 되는가? 하늘의 소리를 듣고 반응할 수 있는가?

천명(天命)을 알고 그 명(命)에 따라 행할 수 있는 실천력을 지니고 있는가? 하늘의 질서에 순응하고 마음속에 새 역사를 새길 수 있는가? 하늘이 당신에게 준 사명을 알고 있는가?

우리는 끝없는 하늘을 바라보면서 우리 내면의 무한성을 발견하고, 푸른 하늘의 구름 한 점을 통해 창의성을 기르고, 밤하늘의 별을 바라보면서 우리가 나아가야 할 지향성을 찾게 된다. 그래서 우리는 하늘을 보면서 무한한 가능성의 믿음을 가져왔다.

하늘의 원리 = 무한성, 창의성, 지향성

무한성

"신(神)은 이미 인간의 뇌(머리)에 내려와 있다."   - 삼일신고

지금 하늘을 한번 쳐다보라. 이 세상 모든 상상과 가능성이 그 안에 담겨 있다. 하늘은 둥근 것도 아니고, 모가 난 것도 아니다. 애초부터 아무런 형상이 없고, 아무런 제약도 두고 있지 않다. 모 양으로 나타내면 하늘은 원이고 땅은 사방을 의미하는 사각형으 로, 이를 천원지방(天圓地方)으로 표현해 왔다.

하늘이 우리에게 주는 첫 번째 원리는 바로 세상과 우주를 향 한 무한한 가능성, 무한성(無限性)이다. 이는 무한한 성질을 말하 며, '무시무종(無始無終)'이란 말처럼 시작도 끝도 없는 상태를 뜻 한다.

하늘의 변화무쌍한 기후, 바람, 공기 등은 우리에게 용기와 함께 무한한 가능성을 제공해 준다. 우리에게 꿈과 이상을 보여 주고 믿 음을 갖게 해 준다. 하루에 한 번 이상 높고 넓은 하늘의 무한한 공

간을 바라보면서 깊은 깨달음이 있는 삶을 갈구해 보자.

새해 첫날 아침 해를 보기 위해 수많은 사람들로 인산인해를 이루는 나라가 몇이나 되겠는가? 새해, 새 아침에 떠오르는 해는 우리의 희망이요, 무한한 에너지요, 힘의 원천이다.

먼저 과학적 사고방식을 익혀라

하늘의 무한한 공간은 우리의 가능성을 펼치는 공간이기도 하지만 우리가 극복해야 할 대상이기도 하다. 하늘은 넓고 위엄이 있다. 이 무한한 우주, 하늘이라는 공간에 우리는 과연 무엇을 담고 무엇을 그릴 것인가? 자신을 깨닫지 못하고 인생의 진리를 깨닫지 못한다면 이 무한한 우주와 하늘도 우리에게는 쓸모없는 공간이 될 것이다. 하늘은 우리에게 크나큰 원동력이자 힘이 되고 있고 변함없이 우리를 지켜보고 있다.

나폴레옹은 "내 사전에 불가능이란 말은 없다. 불가능이란 소심한 사람의 허깨비이며, 비겁한 사람의 도피처다. 1%의 가능성, 그것이 바로 나의 길이다. 내가 갖고 있는 비장의 무기, 그것은 희망이다"라고 말했다. 나폴레옹의 말처럼 인간은 생각의 크기, 꿈의 크기, 비전의 크기에 따라 다른 인생을 살게 된다. 꿈의 크기만큼 사람의 그릇이 커지고, 노력한 만큼 그 그릇이 채워진다.

《천부경》,《참전계경》과 더불어 우리나라 3대 고전으로 꼽히는

《삼일신고(三一神誥)》를 보면 제2장에 "저마다의 본성을 찾으라. 신(神)은 이미 인간의 뇌(머리)에 내려와 있다(自性求子 降在爾 腦)"는 문구가 나온다. 사람에게는 스스로가 깨닫지 못하는 무한한 능력이 있음을 말해 주고 있다. 훈련을 통해서 자신의 뇌를 좀 더 좋아지게 할 수 있다는 뜻이다.

인간에게 있어 무한한 상상력(想像力)은 '상상력(上上力)'으로도 표현할 수 있다. 긍정적인 상상을 많이 하면 할수록 가슴에는 뜨거운 힘이 솟구칠 것이다. 이를 위해 과학적 사고방식을 익히는 것이 중요하다.

무엇이 과학적 사고방식인가? 과학적 사고방식은 자신을 객관적으로 바라보는 데서 출발한다. 다시 말해 주관화에서 벗어나 객관화된 상태, 모든 것으로부터 구분되고, 분리되고, 독립되고, 자유롭고, 느긋하고 여유로운 상태에서 세상을 바라보는 것이다. 어디에 지배당하거나 남들에 의해 지배당하는 것이 아닌 자유로운 상태. 이는 곧 고요하고 청명하며 맑은 상태로 이어지고, 안정적인 자신감으로 연결된다. 자신감을 바탕으로 강한 주의력과 집중력이 발휘될 수 있다.

자신이 만들어 놓은 안전지대, 즉 주관화된 상태에선 고정관념,

고집, 아집에 빠져 마음이 여려지고 주변 영향에 쉽게 흔들리게 된다. 이런 주관화된 상태를 과학적 사고방식인 객관화된 상태로 바꾸게 되면 흔들리지 않고 여유와 안정감을 갖고 살 수 있다. 객관화된 상태가 되어 제3자의 관점에서 스스로를 볼 수만 있다면 자기 인식이 가능하고, 생각과 감정을 조절할 수 있게 된다.

우리가 인생을 살면서 테크닉보다 중요한 것은 스스로 체질(사고, 가치, 철학 등)을 변화시키는 것이다. 때론 인생을 훈수 두듯이 멀리서 바라볼 필요가 있다. 자신이 만들어 놓은 틀에서 빠져나와 마치 남처럼 생각을 내려놓고 마음을 비울 수 있다면 기억력과 집중력 또한 좋아지게 된다.

외부의 영향에 구속 받지 않고 자유로워질 때 우리는 진짜 모습을 활용할 수 있다. 원래의 내 모습을 찾고, 주의력과 집중력이라는 강점 또한 갖게 된다. 인간에게 한계는 없다. 무한성의 원리를 바탕으로 도전과 모험을 즐겨야 한다. 내 안의 '다이아몬드'를 찾아서 쉼 없이 갈고닦으면 더 나은 인생을 살 수 있다.

과학적 사고방식을 갖기 위한 훈련 방법으로 3단계가 있다. 다음 도표를 보고 실천해 보도록 하자.

과학적 사고방식을 갖기 위한 3단계 훈련 방법

1단계	집중하기(정신공부)
	생각을 내려놓고 마음을 비우고 현재에 집중한다. 이 순간을 즐긴다.
2단계	객관화하기(마음공부)
	모든 것으로부터 구분, 분리, 독립하고 자유로운 상태에서 세상을 바라본다. 느긋하고 안정적이면서 평화로운 상태를 경험하게 된다.
3단계	남 잘되게 하기(몸공부)
	우리가 태극원리를 실천하기에 앞서 가장 먼저 챙겨야 할 것은 목적을 정하는 것이다. 그 목적은 나보다 타인의 행복을 우선시하는 선의(善意)에서 나와야 한다. 좋은 의도에서 좋은 결과가 나오는 법이다.

상상력은 의지를 능가한다

먼저 질문을 던져 보자. 인간은 의지력이 강한가, 아니면 상상력이 강한가? 다음 사례에서 힌트를 얻어 보자.

10cm 정도 되는 굵기의 밧줄이 있다. 이쪽에서 저쪽으로 밧줄을 타고 지나가야 할 길이가 20m 정도 된다고 가정하자. 지상에서 높이가 1m밖에 안 된다면 누구나 밧줄 위로 걸어갈 수 있을 것이다. 걷다가 떨어져도 높이가 1m밖에 안 되니 크게 다칠 일이 없다는 확신이 들기 때문이다.

하지만 똑같은 밧줄이 100m 높이로 건물과 건물 사이에 걸쳐 있다면 어떨까? 건너가야 할 길이도 똑같이 20m지만 이젠 정말 줄타기의 달인이 아닌 이상 그 누구도 밧줄을 타고 건너가지 못할 것이다. 100m 높이에서 떨어지면 죽는다는 사실을 알기 때문이다.

여기서 우리는 인간의 상상력이 의지력보다 때론 더 큰 영향을 미칠 수 있다는 사실을 알 수 있다. 밧줄을 건너야 한다는 의지가 아무리 강해도 100m 밑으로 떨어졌을 경우를 염려하는 상상력이 더 강하게 작용한다는 것이다.

다른 질문을 던져 보자. 마라톤 선수가 42.195km를 달릴 때 가장 고통스러운 순간은 언제일까?

중간 지점인 20km 정도를 달렸을 때, 또는 마지막 5km를 남겼을 때 등 다양한 대답이 나올 수 있다. 하지만 정작 마라톤 선수가 가장 고통스러워하는 순간은 바로 신발 속에 작은 모래알이 들어갔을 때라고 한다. 모래알을 빼고 달리자니 우승을 놓칠 것 같고, 그냥 달리자니 모래알이 자꾸 발바닥에 걸려 신경 쓰이고….

이를 해결할 수 있는 좋은 방법이 한 가지 있다. 모래알을 꺼내려 하지 말고 모래알이 신발 속에 있다는 집착에서 벗어나는 것이다. 모래알에 대한 생각을 버리거나 아니면 모래알이 오히려 발바닥에 긍정적인 영향을 준다고 상상하는 식이다.

인간의 의지력은 그 어떤 것보다 강력하지만, 때론 그 의지보다 강한 것이 바로 상상력이다. 성공 경험은 계속적으로 확대해 생각하고, 실패 경험은 축소하는 식으로 생각의 방향을 잡아 가면서 스스로의 능력과 가치를 믿어야 한다. 여기에 풍부한 경험까지 쌓이게 되면 하늘이 주는 무한성, 무한한 가능성의 원리를 잘 실천해 나갈 수 있게 된다. 매일매일 그 가능성을 믿고 있다는 것을 생각과 말로 자주 표현하는 것이 좋다.

암시는 믿음으로 이어진다. 긍정적 암시가 나에게 어떤 이익을 주고, 타인에겐 어떤 이익을 줄 것인가를 생각해 보라. 특히 모두에게 유익하고 도움이 된다면 그 암시는 강력한 에너지를 발휘하면서 실천으로 연결될 가능성이 높다.

긍정적 상상력이 정신 건강에 도움이 된다는 사실은 여러 조사에서도 밝혀지고 있다. 긍정심리학의 대가인 마틴 셀리그만(Martin Seligman)은 긍정적 사고를 한 사람들이 부정적 사고를 한 사람들보다 업무 성과 측면에서 탁월한 결과를 가져온다는 사실을 밝힌 바 있다. 긍정적인 생각과 긍정적인 말은 적극적인 태도를 만들게 되고, 이러한 삶의 태도야말로 리더로서 성공적인 삶을 살아가는 데 있어 가장 중요한 요인이 되고 있다. 또 그 긍정의 힘보다 더 강한 것이 감사의 힘이라는 사실 역시 잊어서는 안 된다.

'두려움이 아닌 용기, 좌절이 아닌 희망'을 외치며 미국 경제 재건에 나선 버락 오바마 미국 대통령도 "모든 것은 마음먹기에 달렸다"고 말했다. 또 고대 그리스 철학자 소크라테스는 "살아 있는 것은 곧 생각하는 것이다. 모든 사람은 어떠한 생각이라도 하고 있어야 하며 그렇지 아니한 자는 살아 있지 않은 것과 마찬가지다"라고 말했다. 인생은 생각 그 자체다. 좋은 생각을 하면 좋은 일이 일어나고, 나쁜 생각을 하면 나쁜 일이 일어난다.

내 안의 잠재 능력을 깨워라

인간은 자신만의 신념을 갖고 살아간다. NLP(Neuro Linguistic Programming, 신경 언어 프로그래밍) 전문가인 로버트 딜트 (Robert Dilts) 교수는 신념을 논하면서 "어떤 일이 그렇게 될 것이라고 믿을 때, 그 일은 믿은 그대로 이루어진다"고 전했다. 신념은 그 사람을 이끄는 원칙(guiding principle)으로 작용하면서 때론 생각과 감정과 행동을 지배한다.

개개인이 갖고 있는 신념 때문에 성공하기도 하고, 갈등과 다툼이 생기기도 한다. 그렇기에 개인의 신념을 좋은 방향으로 바꾸게 되면 세상을 보는 기준이나 능력이 변하게 된다.

우리는 지금 무한성의 원리를 배우고 있다. 내 안의 잠재 능력을 깨우기 위해서 올바른 방향으로 신념 전환(belief change)이 필요하다. 대부분은 자신이 가진 신념을 모르거나, 부정적인 신념을 극복하지 못하고 갈등하는 경우가 많다. 부정적인 신념은 놓아 버리고 올바른 신념을 형성하도록 노력할 필요가 있다.

다음의 방법을 사용해 보자. 먼저 과거의 일 중에서 긍정적인 느낌을 준 사건이나 대상, 물건을 떠올려 본다. 무엇이 보이는가? 무엇이 들리는가? 무엇이 느껴지는가? 그 상황에서 나에게 긍정적 영향을 미친 사람이 있는가? 내 인생에 어떤 영향을 미쳤는가? 생각해 보라.

그리고 나서 그 느낌 그대로 새로운 신념을 설정해 보는 것이다. 인간이 성공 경험을 떠올리게 되면 시각, 청각, 촉각을 포함한 신체적, 생리적 자극이 일어난다고 NLP는 말한다.

어떻게 하면 신념을 강화시킬 수 있을까? 먼저 스스로 어떤 모습이 되고 싶은지 생각해 본 후에 다음의 순서대로 신념을 강화시켜 보자.

제한된 신념(부정적 문제 상태)
↓
긍정적 의도(약간 부정적인 상태)
↓
수정된 의도(약간 긍정적인 상태)
↓
강화된 의도(원하는 상태)

이렇게 '제한된 신념' 상태에서 원하는 상태인 '강화된 의도'로 전

환시키는 것이다. 다른 사람이 가능했다면 나도 가능하다는 믿음을 가져 보라. 하늘이 우리에게 주는 선물은 바로 믿음(信)이다. 하늘의 무한한 가능성을 믿고 '이렇게 되었으면 좋겠다'는 강력한 신념을 가져 보라. 그것이 내 안의 잠재 능력을 깨우는 지름길이다.

천재 과학자 아인슈타인도 약 140억 개의 뇌세포 중에서 5~10% 정도밖에 사용하지 못했다고 한다. 일반 사람들의 뇌 활용률은 이보다 더 낮다고 한다. 그만큼 인간의 잠재 능력은 개발될 여지가 무궁무진하다. 조셉 머피 박사의 저서 《잠재의식의 힘》을 읽어 보면 이에 대해 더 자세히 알 수 있다.

여러분이 현재 발휘하고 있는 능력은 '빙산의 일각'에 불과하다. 잠재 능력 중 단 몇 퍼센트라도 더 개발할 수 있다면 그야말로 창조적 리더로서 혁신적인 삶을 살 수 있다. 큰 꿈과 비전을 갖고 내 안에 잠들어 있는 무한한 가능성을 깨워 보자. 스스로 할 수 없다고 생각하면 결국 아무것도 하지 못하게 된다.

명상, 요가, 참선, 단전 호흡 등은 잠재 능력을 개발하는 데 큰 도움을 준다. 정신공부를 통해 인간의 뇌를 업그레이드시키고 자신을 더 잘 알게 해 준다. 이를 통해 안전지대(내적 세계)에서 도전

지대(외적 세계)로 삶의 영역을 확장할 수 있고, 세상을 향한 가치
와 철학, 통찰력을 기를 수 있다. 세상에 태어나면서 갖고 나온 타
고난 능력에 한계를 두지 말자.

무한성의 리더십을 보여 준 이순신 장군

600년 역사를 자랑하는 서울의 대표 광장 광화문에는 이순신 장군 동상이
있다. 세계 해전사에 있어 이순신 장군처럼 위대한 사람이 있을까? 이순신 장
군의 무한한 능력은 타의 추종을 불허한다.

정확한 전략과 판단력, 탁월한 통솔력과 해상 전술가로서의 특출한 기술, 거
북선이라는 창의적 군함 건조 등으로 이순신 장군은 자신의 잠재적 역량을 아
낌없이 발휘했다. 불과 13척의 배로 적군의 배 133척을 물리친 명량대첩지
울돌목에서 바라보는 바다는 우리에게 무한성의 능력을 느끼게 해 준다.

이순신 장군에 대한 찬사는 중국과 일본에서도 이어졌다.

"이순신은 천지를 주무르는 경천위지(經天緯地)의 재주와 나라를 바로잡은
보천욕일(補天浴日)의 공로가 있는 사람이다."

- 명나라 장수 진린이 1598년 선조에게 올린 글

"내가 겪은 이순신은 여느 조선 장수와는 달랐다.

가장 두려워하는 사람은 이순신이며

가장 미운 사람도 이순신이며

가장 좋아하는 사람도 이순신이며

가장 흠모하고 공경하는 사람도 이순신이며

가장 죽이고 싶은 사람 역시 이순신이며

차를 함께 마시고 싶은 사람 역시 바로 이순신이다."

- 일본 장수 와키자카 야스하루

"나를 넬슨에 비하는 것은 가능하나 이순신에게 비하는 것은 감당할 수 없는 일이다. 이순신 장군이 만약 나의 함대를 갖고 있었으면 그는 세계 해상을 지배했을 것이다."

- 일본 제독 도고 헤이하치로

전 세계 해군사관학교에서는 이순신 장군의 전법을 지금도 가르치고 있다. 이순신 장군은 자랑스러운 한민족의 영웅이다.

흔히들 성공의 반대를 실패라고 생각한다. 아니다. 성공의 반대는 '포기'다. 우리는 실패의 경험을 통해 성공의 가능성을 엿볼 수 있다. 무한한 가능성을 발견한 리더는 실패를 두려워하지 않고 오히려 즐길 수 있다. 과학, 의학, 농학, 공학, 정치, 교육 등 그 어떤 분야를 막론하고 혁신적 발전이 있었던 것은 무한한 가능성을 믿고 기존의 틀에서 벗어나 새롭게 도전했던 리더들이 있었기에 가능했다.

Summary & Assignment

무한성의 원리에서 우리는 과학적 사고방식, 상상력, 잠재 능력 이렇게 세 가지에 대해 배웠다. 그것은 각각 작은 세 가지 원리로 새롭게 분류할 수 있다. '건곤감리'에서 얻은 핵심 3가지 원리 외에 그 원리를 구성하는 작은 요소들은 스스로 만들어 보길 바란다.

1. 과학적 사고방식을 익혀라

　　: 집중력과 인내심

2. 상상력은 의지를 능가한다

　　: 상상력과 긍정성

3. 내 안의 잠재 능력을 깨워라

　　: 잠재 능력과 현재 능력

창의성

"가만히 하늘을 들여다보면 눈썹에 파란 물감이 든다." - 윤동주

끝을 알 수 없는 무한의 공간, 하늘은 우리에게 전에 없던 새로운 것으로 그 공간을 채울 수 있도록 허락한다. 하늘이 알려 주는 두 번째 원리는 바로 창의성(創意性)이다. 훌륭한 리더는 하늘로부터 받은 창의성의 원리로 조직을 이끈다.

창의성은 새로운 것을 생각해 내는 특성, 새로운 것을 만들어 내거나 발견해 내는 능력을 뜻한다. 새로운 것으로 세상을 긍정적으로 변화시키는 사람이야말로 위대한 리더다.

혹자는 창의성을 천재들의 전유물이라고 한다. 천재로 태어나야 창의적인 결과물을 내놓을 수 있다는 주장이다. 하지만 뇌 과학자 등이 내놓은 실증적인 연구 결과에 따르면 창의성은 '지속적인 연습의 결과'로 길러진다. 많은 정보를 접하며 끊임없이 생각하고 연습하면 더 강한 창의력을 기를 수 있다.

"창조력으로 가득 찬 우주, 질서와 조화를 지향하는 우주, 무한한 생명이 가득 넘치는 우주, 끊임없이 변화하고 그 자체가 살아 있는 한없는 우주의 힘이 우리의 생명에도 똑같이 통하고 있습니다."

- 알렉산드로 페레브로프, 러시아 우주 비행사

바라보는 시각을 바꿔라

스코틀랜드 출신 철학자이자 정치학자, 역사학자, 수학자 겸 경제학자였던 제임스 밀(James Mill)은 유년 시절 흥미로운 일화를 남겼다. 시험을 볼 때 뺄셈 문제가 나왔다.

$$49 - 27 = ?$$

밀은 이 문제 답으로 49를 적었다. 선생님은 당연히 틀린 것으로 채점했다. 그가 시험지를 들고 집으로 돌아오자 아버지는 이렇게 물었다.

"밀아! 어떻게 해서 이러한 답이 나왔니?"
"아빠! 지금 49에서 27을 빼라고 했죠. 뺀다는 것이 뭐예요? 27이 없어지는 거잖아요. 그럼 49가 남지 않아요?"
"밀아! 넌 정말 독특한 생각을 하고 있구나. 아빠가 부탁이 하나 있는데, 앞으로 학교에서 시험 볼 때는 반드시 22라고 적고, 집에 와서는 너의 생각대로 49라고 생각하렴."

밀의 아버지는 단 한 번도 아들에게 틀렸다는 말을 하지 않았다고 한다. 대신 '어떻게' 그런 생각을 갖게 되었느냐고 되물었다고한다. 이것이 바로 리더의 커뮤니케이션이다.

'왜(why)?', '어떻게(how)?' 이러한 질문들은 창의적인 인간을만들어 주는 매개체 역할을 한다. 지식이 많다고 해서 창의성이 뛰어난 것은 아니다. 창의성은 보는 각도의 차이에서 나타난다. 왜이런 일이 발생했는지, 생각을 어떻게 할지, 지식을 어떻게 쌓을지, 돈을 어떻게 쓸지 등 '왜', '어떻게'라는 질문에 대답하는 다양한 방식을 통해 창의성이 길러진다.

보는 각도를 바꾸는 것, 즉 '시각의 전환(focus shift)'은 사고의틀을 바꾸는 행동 양식이다. 사람과 사물에 대한 생각의 틀을 변화시키는 것으로 상대방에 대한 배려도 시작된다. 한 마디로 '역지사지(易地思之)'의 마음으로 관점을 바꾸어 보면 평소 이해하지 못했던 다른 사람의 행동을 이해할 수 있고, 나아가 기존의 본인이라면 내놓을 수 없었던 새로운 아이디어를 창출할 수 있다.

앞서 밝혔듯이 창의성은 자기 계발에 의해 길러질 수 있다. 따라서 창의성 계발에 도움이 되는 좋은 분위기를 형성하는 것이 중요하다. 일 자체도 중요하지만 좋아서 할 때, 재미가 있을 때 더 큰 창의력이 발휘되면서 좋은 성과물을 낼 가능성이 높다. 자기 일을 좋아하고 즐기는 사람에게는 열정이라는 추진에너지가 있다. 결국 천부적인 자질보다는 '공부와 일에 대한 열정'이 창의력을 길러 주는 것이다.

창의적 아이디어는 대개 생각을 내려놓고 마음을 비운 상태에서 떠오른다. 머릿속에 번쩍이는 섬광처럼 순식간에 다가온다. 모든 것이 빠른 속도로 변하는 현대 사회에서 이 같은 창의력은 리더에게 꼭 필요한 자질이다. 그것도 누가 빨리 먼저 하는가, 이것이 경쟁력이다.

우리의 사고를 확장시켜 주는 창의성을 어떻게 기를 수 있을까? 다음의 12가지 방법을 제시한다.

창의성을 기르는 12가지 방법

1	'왜(why)', '어떻게(how)'라는 질문을 던져라.
2	'만약(if) ~ 한다면'을 사용해 보라.
3	우주에는 음과 양의 기운이 흐르고 있다. 반대로 보는 역발상의 습관을 가져 보라.
4	정반합(正反合)의 법칙으로 바라보라.

5	패러다임을 바꿔라. 새로운 관점에서 사물을 바라보라.
6	덧셈(+), 뺄셈(−), 곱셈(×), 나눗셈(÷)을 적용해 세상을 바라보라.
7	한 번도 가 보지 않은 장소, 한 번도 해 보지 않은 일, 한 번도 먹어 보지 않은 음식을 접해 보라.
8	창의적인 사람과 시간을 함께 보내라. 주변에 있는 천재를 초대하라.
9	항상 메모지를 갖고 다니며 아이디어가 떠올랐을 때를 놓치지 마라.
10	자신의 긍정적인 면과 자질을 36가지 이상 적어라.
11	유머 감각을 기르면서 여유와 안정감을 갖춰라.
12	산책과 호흡을 통한 고독의 시간, 명상의 시간을 가져라.

창조적 리더의 마음은 동심이다

"푸른 하늘 은하수 하얀 쪽배엔 계수나무 한 나무 토끼 한 마리"

'반달'은 1924년에 만들어진 윤극영이 작곡을 하고 방정환이 작사한 한국 최초의 동요다. 어려서 즐겨 불렀던 동요를 성인이 된 지금도 강의를 하러 갈 때마다 승용차 안에서 즐겨 듣는다. 동요는 머리를 맑게 해 주고 깨끗함과 순수한 생각으로 가득 차게 해 창의성을 기르는 데 많은 도움을 준다.

누구나 어린 시절엔 푸른 하늘을 바라보면서 마음의 여유를 찾을 수 있었고,

다양한 구름의 형태를 보면서 창의성을 길렀다. 달과 별을 보면서 소원을 빌고, 아름다운 동요를 부르면서 희망을 노래했던 순간들이 있다.

창의성이 뛰어난 리더의 모습은 어린아이와 같다. 동심(童心)은 동심(同心)이다. 동요를 자주 들어라. 순수한 마음속에서 영감이 떠오를 것이다. 어린아이 마음이면 공평한 하늘 아래 땅에서 무슨 일이든 해 나갈 수 있다.

먼저 변하고, 함께 혁신하라

무엇이 혁신인가? 혁신(革新)의 '혁(革)'은 '고쳐서 새롭게 한다' 는 의미를 담고 있다. 고쳐서 새롭게 할 수 있다면 그것이 혁신이 되는 것이다. 자신이 변화되고, 가정이 변화되고, 사회가 변화되고, 조직이 변화되어 혁신을 하게 되면 개인적 측면에서 삶에 대한 자신감이 확대되는 것은 물론 조직적 측면에서 브랜드 가치 향상, 생산성 증대 등 수많은 긍정적 효과를 불러일으키게 된다.

'나는 지금 잘하고 있는데….' 이런 생각은 버려라. 지금도 잘하고 있지만 지금보다 더 잘할 수 있다는 생각을 갖는 것이 '변화와 혁신'의 출발점이다. 위기 속에서 많은 사람들은 두려움을 느끼게 된다. 변화에 대해 두려워하는 사람은 결코 남을 변화시킬 수 없고 세상의 주인공이 될 수 없다. 두려움은 없애는 것이 아니라 극복 하는 것이다. 진정한 변화는 몸과 마음, 정신이 함께 자극을 받으 면서 나타나게 된다. 정신을 내려놓은 상태에서 몸이 자유롭고 마음이 자유로울 때 인간은 변화를 받아들인다. 변화는 내가 먼저 하고, 혁신은 모두가 함께 할 때 가치 있는 것이다.

기러기 떼의 비행은 함께하는 것의 중요성을 알려 준다. 가을이 되면 기러기는 추운 겨울을 피하기 위해 남쪽을 향한다. V자 모양의 편대를 만들어 남쪽으로 날아간다. 한 마리가 날 때보다 서로 힘을 합쳐 V자 편대로 날면 뒤편에 있는 기러기들이 상승 기류를 타게 되어 힘을 절약하면서 최소 1.7배 이상 더 멀리 날 수 있다고 한다. 이렇게 먼 거리를 나는 동안 선두를 날고 있던 기러기가 지치면 뒤로 물러나 자리를 바꾸고, 뒤에 있던 다른 기러기가 선두에 서면서 먼 길을 함께 날아가는 것이다.

이러한 기러기의 철학은 현대를 살아가는 우리들에게 함께하는 것의 중요성과 질서, 조화, 상생(相生)을 일깨워 준다. 21세기가 원하는 인재는 스스로의 능력뿐 아니라 조직과의 융합에도 뛰어난 사람이다. 다시 한 번 말하지만 변화는 스스로가 먼저 하고, 혁신은 함께 해야 그 가치가 높아진다.

'KAIST 인성 리더십 커뮤니케이션' 프로그램 창설자 양동열 교수(KAIST 기계공학과)는 혁신의 방정식을 창의성과 도전의 함수로 정의했다. 창의성과 도전 정신 중 한 가지라도 모자란 사람은 진정한 혁신을 실천하기 어렵다. 즉 둘 모두가 뛰어나야 진정한 혁신을 할 수 있다는 말이다.

혁신의 방정식(INNOVATION EQUATION)

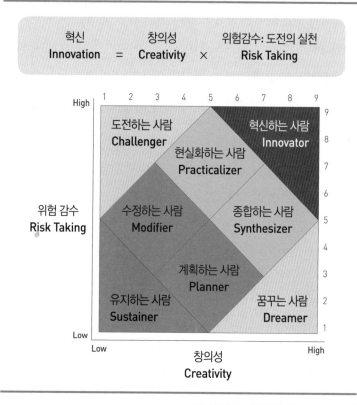

혁신		창의성		위험감수: 도전의 실천
Innovation	=	Creativity	×	Risk Taking

출처: 창의성과 도전(양동열 KAIST 기계공학과 교수)

한민족의 창조적 우수성

한민족은 창의성과 독창성이 뛰어난 민족이다. 세계 최초로 금속 활자를 만들었고, 거북선, 해시계, 물시계, 로켓 화기였던 신기전(神機箭) 등을 고안해 내면서 인류의 문명 발전에 크게 이바지했다. 그중에서도 가장 독창적이면서 차별성을 지닌 탁월한 작품은 '한글'이다.

1989년부터 유네스코(UNESCO)는 세계 문맹 퇴치를 위해 노력한 사람이나 단체에 대해 매년 9월 8일(세계 문해의 날) 수상자를 발표하고, 한글날인 10월 9일을 전후해 상을 수여하고 있는데, 그 상의 이름이 '세종대왕 문해(文解)상(King Sejong Literacy Prizes)'이다.

소설 《대지》를 썼고 1938년에 노벨 문학상을 받은 미국의 유명한 여류 작가 펄 벅은 "한글이 전 세계에서 가장 단순한 글자이며 가장 훌륭한 글자"라고 말했다. 그리고 "세종대왕은 한국의 레오나르도 다빈치"라며 서구적인 관점에서 극찬하기도 했다.

한글은 속도를 최고의 덕목으로 삼는 현대 정보통신사회에서도 그 가치와 우수성을 인정받고 있다. 특히 PC와 휴대폰에서 가장 빠르게 글을 입력할 수 있는 시스템을 갖고 있는 데다가 하늘, 땅, 사람, 즉 천지인(天地人)을 결합시켜 만든 과학적인 구성 덕분에 전 세계인 누구나 배우기 쉬운 글자로 각광 받고 있다.

이러한 한글의 우수성을 인정한 유네스코(UNESCO)는 마침내 1997년 10월 1일 '훈민정음'을 세계 기록 유산으로 지정하기에 이른다.

바야흐로 세계화 시대다. 우리 스스로가 한글을 바로 알고 사용할 수 있어야 외국어 실력도 금방 향상시킬 수 있다는 평범한 진리를 인식해야 한다. 한글은 디지털 시대에 세계가 주목하는 문자다. 영어 등 외국어 교육에 몰입하는 만큼 우리 한글에도 몰입해서 한글의 세계화를 위해 우리 모두가 함께 노력할 필요가 있다.

그래서 몇 년 전부터 대학생들에게 강의할 때마다 '외국인을 가르치기 위한 한국어 강사 자격증'을 취득하라고 조언하고 있다. 외국인들에게 우리 한국의 문화와 한글을 가르치면서 그들의 문화와 언어를 습득하는 것이야말로 일석이조의 효과를 얻으면서 진정한 마음으로 외국어 교육을 하는 것이라 생각한다.

스스로 아름다운 보석이 되라

계룡산 입구에 자리 잡은 '계룡산자연사박물관' 2층에는 '천국의 12 보석(12 Gemstones In Heaven)'을 전시해 놓은 공간이 있다. 성경 중 요한 계시록에 나오는 하늘 성곽의 주춧돌 12개는 각기 다른 보석으로 이루어져 있는데 이 보석들을 '천국의 12 보석'이라고 한다. 각각의 보석은 다음과 같은 의미를 지닌다.

첫 번째 주춧돌, 벽옥(Jasper). 빨간색의 재스퍼나 제이드(Jade)로 믿음을 나타낸다.

두 번째 주춧돌, 남보석(Bluestone). 파란색의 사파이어나 청금석으로 진실 자체의 곧음, 절개를 의미한다.

세 번째 주춧돌, 옥수(Chalcedony). 무색 혹은 흰색의 아게이트(Agate)나 칼세도니로 결백과 희생을 뜻한다.

네 번째 주춧돌, 녹보석(Greenstone). 초록색의 에메랄드로 정의와 깨끗함을 나타낸다.

다섯 번째 주춧돌, 홍마노(Sardonyx). 흰색에 황갈색 혹은 적갈색 줄무늬가 있는 마노로 충성을 나타낸다.

여섯 번째 주춧돌, 홍보석(Redstone). 빨간색의 사디우스(Sardius)로 하나님의 나라와 의를 이루기 위한 열정적인 사랑을 의미한다.

일곱 번째 주춧돌, 황옥(Topaz). 노란색의 황옥이나 크리솔라이트(Chrysolite)로 이해하고 용서하는 자비를 뜻한다.

여덟 번째 주춧돌, 녹옥(Beryl). 초록색의 베릴로 범사에 오래 참는 것을 말한다.

아홉 번째 주춧돌, 담황옥(Light Yellowstone). 담황색의 감람석(Olivine)으로 다투지 아니하는 양선을 의미한다.

열 번째 주춧돌, 비취옥(chrysoprase). 녹색의 녹옥수로 절제를 나타낸다.

열한 번째 주춧돌, 청옥(Blue Jade). 푸른색의 터키석이나 사파이어로 마음의 청결함과 거룩함을 의미한다.

열두 번째 주춧돌, 자수정(Amethyst). 보라색의 자수정으로 아름답고 온유한 것을 의미한다.

이처럼 아름다운 천국의 12 보석을 전시하고 있는 박물관에서 안내를 담당하는 가이드의 말이 매우 인상적이었다.

"여러분, 이곳에 있는 보석은 모두가 아름답고 가치가 있습니다. 여러분도 보석으로 치장을 하고 싶으실 때가 있죠? 저는 보석을 좋아하지만 몸에 치장을 하지는 않습니다. 왜냐하면 저 자신이 가장 아름다운 보석이라고 생각하기 때문입니다."

스스로가 보석보다 더 아름다운 보석이라고 말하는 가이드의 재치 덕분에 미소를 지을 수 있었다. 그리고 정말 세상에서 가장 아름다운 보석은 우리 자신이 아닐까 하는 생각이 절로 솟았다.

이 시대의 리더가 지녀야 할 마음가짐과 자세, 삶 또한 천국의 12 보석처럼, 아니 그보다 더 아름다워야 할 것이다. 특히 세상에서 가장 아름답게 빛나겠다는 결연한 마음 자세가 필요하다. 이를 위해 반드시 갖춰야 하는 덕목이 바로 '창의성'이다.

창의성이 가진 가장 중요한 특징은 남들과 다르다는 '차별성'이다. 다른 사람과 똑같이 한다면 창의적이라는 평가를 들을 수 없다. 하지만 이 한 가지만으로는 창의적 인재라는 완벽한 찬사를 듣기 어렵다. 생각해 보라. 다른 사람들과 달리 '이상한 짓'을 한다는 이유만으로 창의적 인재로 인정받을 수 있겠는가?

차별성에 한 가지 특징이 더해져야 창의성이 완성된다. 그것은 바로 남들보다 뛰어나다는 '탁월성'이다. 탁월성을 갖출 때 비로소 '이상한 짓'은 '훌륭한 발상'으로 업그레이드될 수 있다. 보이는 세계와 보이지 않는 세계에서 남들이 보지 못하는 것을 보는 것이 바로 차별성이요 탁월성이다.

신대륙을 발견한 콜럼버스의 사례를 살펴보자. 콜럼버스가 스페인 바르셀로나에 도착하자 여왕은 그를 위해 축하 파티를 열었다. 여기서 어느 한 귀족이 시샘하듯이 "바다 한 방향으로 계속해서 가면 우리도 신대륙을 발견할 수 있다"고 말했다. 그러자 콜럼버스는 식탁 위의 삶은 달걀을 들고 그에게 물었다.

"당신은 이 달걀을 세울 수 있겠습니까?"

그가 삶은 달걀을 세우고자 시도했지만 결국 실패하고 말았다. 콜럼버스는 다시 달걀을 넘겨받았다. 그리고 달걀의 한 귀퉁이를 깨뜨려 식탁 위에 세워 놓았다. 그 귀족은 "그렇게 하면 나도 할 수 있다"고 말한다. 이에 콜럼버스는 말한다.

"누구나 달걀의 귀퉁이를 깨뜨리면 쉽게 세울 수 있습니다. 남이 한 다음에 하는 것은 쉬운 일이지만, 새로운 것을 시작하기란 어려운 것입니다. 그래서 무슨 일이든 남보다 앞서서 하는 것이 의미가 있는 일이지요."

창의성이란 바로 남들이 하기 전에 독창적이고 탁월하게 일을 행하는 것을 말한다.

필자 또한 초등학생 때 콜럼버스의 이야기를 듣고 달걀을 한번 세워 본 적이 있다. 삶은 달걀은 절대로 세울 수 없다. 하지만 생달걀은 세울 수 있다는 믿음을 갖게 되었다. 달걀을 들고 밑으로 7번 정도 흔들면 노른자위가 밑으로 쏠려 무게 중심 역할을 하게 된다. 이때 양손으로 달걀을 감싸고 '달걀을 세울 수 있다. 달걀이 세워지고 있다. 달걀이 세워졌다'라는 암시를 하면서 약 1분 정도 누르고 있다가 살며시 손을 떼면 신기하게도 세워져 있는 달걀을 발견할 수 있다. 오늘 당장 시도해 보라. 우리는 때로 시도해 보지도 않고 포기하는 경우가 많다. 성공의 반대는 실패가 아니라 포기다.

숲을 걸었다.

길이 두 갈래로 갈라졌다.

나는 인적이 드문 길을 택했다.

그리고 모든 것이 달라졌다.

— 로버트 프로스트(Robert Frost)의
〈가지 않은 길〉 중에서

미국의 시인이자 퓰리처상 수상자인 로버트 프로스트의 〈가지 않은 길〉처럼 사람들이 생각하지 못하는, 잘 가지 않는 길을 가게 된다면 평범한 일상에서 벗어나 비범한 삶의 주인공이 될 수 있다. 남들과 차별화할 수 있는 독창성을 바탕으로 한 결정, 실행력은 리더로서의 가치를 높여 줄 것이다.

스톡데일 패러독스 Stockdale Paradox

베트남전에서 하노이 포로수용소에 수감됐던 미군 장교 스톡데일은 당시를 회상하며 이렇게 말했다.

"견뎌 내지 못했던 사람들은 누구였습니까?"
"지나친 낙관주의자들입니다."
"낙관주의자요? 이해가 안 되는데요?"
"그 사람들은 '크리스마스 때까지는 나갈 수 있을 거야' 하고 말했던 사람들입니다. 그러다가 크리스마스가 지나면 다시 '부활절까지는 나갈 수 있을 거야'라고 말합니다. 다음에는 '추수감사절' 그리고 다시 '크리스마스'를 기다립니다."

스톡데일이 계속해서 말했다.

"이것은 매우 중요한 교훈입니다. 결국 성공할 거라는 믿음, 결코 실패할 리 없다는 믿음과 그것이 무엇이든 눈앞에 닥친 현실 속의 냉혹한 사실들을 직시하는 것을 혼동해서는 안 됩니다."

이 대화에 '스톡데일 패러독스'가 담겨 있다. 포로수용소에서 살아남은 사람들은 긍정적인 낙관주의자가 아니라, 현실을 냉철히 판단하며 바라볼 줄 알았던 사람들이다.

무조건적으로 '잘 될 거야'라고 생각하는 지나친 낙천주의는 경계해야 한다. 어려운 상황 속에서도 결국 좋은 결과를 얻을 수 있다는 믿음과 함께 눈앞에 닥친 현실 속의 냉혹한 사실들을 직시할 수 있는 '현실을 바탕으로 한 긍정적 사고'를 해야 좋은 결과를 얻을 수 있다. 희망은 냉혹한 현실을 이겨 냈을 때 가치가 있는 것이다.

세상을 살면서 긍정적인 사고와 함께 냉정하게 현실을 직시할 줄 아는 능력은 큰 자산이 된다.

"매사에는 양면이 있다. 가장 좋고 유리한 것도 그 칼날 쪽을 붙들면 고통이 되고, 반대로 불리한 것이라도 그 손잡이를 잡으면 방패가 된다. 매사를 불리하다 생각하며 근심하지 말고 유리한 쪽을 바라보라." - 그라시안 모랄레스

Summary & Assignment

창의성의 원리에서 우리는 세 가지에 대해 배웠다. 그것은 각각 작은 세 가지 원리로 새롭게 분류할 수 있다. '건(하늘)'에서 얻은 각각의 3가지 원리 외에 그 원리를 구성하는 작은 요소들은 스스로 만들어 보길 바란다.

1. 바라보는 시각을 바꿔라
  : 시각의 전환과 관점의 전환

2. 먼저 변하고 함께 혁신하라
  : 혁신과 독창성

3. 스스로 아름다운 보석이 되라
  : 차별성과 탁월성

지향성

하늘은 방향도 목적지도 없는 광활한 무(無)의 공간처럼 느껴지기도 한다. 하지만 하늘 위에는 해가 있고, 달이 있고, 별이 있다. 이들의 움직임과 위치를 통해 우리는 지금 어떤 시간대에 살고 있는지, 계절은 어떠한지, 날씨는 어떠한지, 어디를 보고 있는지를 알 수 있다.

무한한 공간에 끝없이 펼쳐져 있는 별들을 보라. 크기와 밝기가 다르고 그 수는 이루 헤아릴 수 없을 만큼 많다. 그중에는 유난히 빛나는 별인 샛별도 있고 동서남북 네 방위의 기준인 북쪽을 알려 주는 북극성도 있다. 하늘이 우리에게 전하는 세 번째 원리는 바로 가고자 하는 방향을 알려 주는 지향성이다. 지향성은 의식이 어떤 대상을 향하는 작용을 뜻한다.

나의 북극성은 어디에 있는가? 하늘의 별이 우리가 가야 할 방향을 알려 주듯이 리더는 안내자의 역할을 해야 한다. 장래에 큰 발전을 이룩할 만한 사람을 두고 '앞으로 대한민국을 이끌어 갈 샛별'이라고 표현한다. 샛별은 달에 이어 밤하늘에서 두 번째로 밝은 금성(金星)을 일컫는다. 꿈과 비전과 희망을 전파하는 샛별 같은 리더가 되고 싶지 않은가?

이제부터 매일 '하늘 보기', '별 보기', '달 보기'를 3분씩 하면서 우주의 기를 받아 보라. 우주의 살아 있는 무한한 기를 통해 새롭게 나를 깨닫고 세상을 바꿀 것이다.

"하늘은 어디를 가나 똑같은 채로, 살인과 미움과 희생과 사랑을 초월하여 똑같은 채로 있다." - 에리히 레마르크의 소설 《개선문》 중에서

빛이 있는 곳에 길이 있다

박태환 선수는 열악한 환경 속에서도 2008년 올림픽 자유형에서 동양인 최초로 금메달을 수상했다. 김연아 선수도 한국 피겨 사상 최초로 올림픽 챔피언이 되었다. 이들의 공통점은 바로 한계를 정하지 않고 실패를 두려워하지 않는 마음, 용기를 가지고 최선을 다하는 도전 정신, 목표를 향한 지향성을 갖고 있다는 것이다. 사람은 실패를 통해서 경험을 얻게 된다. 이를 통한 하나의 성취는 계속해서 성장, 발전해 나갈 수 있는 밑거름이 된다.

'위기(危機)'라는 한자어는 위험 속에 기회가 있다는 것을 의미한다. 인간은 실패할 때 자신에 대해서 가장 많이 배운다. 실패를 두려워하지 말아야 한다. '실패는 성공의 어머니'라는 격언이 수없이 반복되는 까닭을 돌이켜 생각해 볼 필요가 있다. 실패하지 않고는 성공할 수 없다.

단 1%의 가능성밖에 없지만 그것이 가치가 있다고 믿어진다면 멋지게 도전해 보라. 리더는 남들이 불가능하다고 생각하는 것을 가능하게 만드는 사람이다. 이를 위해 '올바른 비전과 목표', 그것을 실행하기 위한 에너지인 '열정'이 필요하다.

모든 것을 지향하는 데 있어 중요한 비법 중 한 가지는 빛을 활용하는 것이다. 빛이 있는 곳에 길이 있다. 식물은 햇빛을 보고 자라고 꽃도 빛이 있는 곳을 향한다. 생물의 공통적인 특징이다. 나무의 뿌리가 가치(value)라면 햇빛은 광합성으로 비전(vision)에 해당된다. 빛을 받은 나무는 열매를 맺게 되는 이치와 같다.

중요한 인물이라도 어두운 곳에 있으면 있는지 없는지 그 존재감이 없어진다. 반대로 조용한 사람도 빛이 있는 곳에 앉아만 있으면 존재감이 살아난다. 사람들의 시선은 빛이 있는 쪽을 향하게 되어 있다. 빛이 있는 곳으로 집중한다. 빛이 있는 곳에 있으면 주목을 받고 호감을 이끌어 낸다. 빛이 있는 곳에 길이 있기 마련이다.

하늘의 지향성으로부터 찾은 리더의 참모습은 공동체가 바라는 방향을 설정하고 추구해 나가야 할 가치를 설정하는 데 있다. 이를 통해 공동체를 올바른 방향으로 이끌 수 있다. 이에 반응한 공동체는 비전을 향해 나아갈 수 있는 추진력을 보여 줄 것이다.

"하늘이 사람을 낼 때는 반드시 그의 마음과 뜻을 흔들어 고통스럽게 하고, 뼈마디가 꺾어지는 고난과 함께 몸을 굶주리게 하여 궁핍하게 만들며, 하고자 하는 일을 흔들어 어지럽게 하나니, 이것은 타고난 작은 성품을 인내로 다듬어 하늘의 명을 능히 감당하도록 기국과 역량을 키워 주기 위함이다."

- 맹자(孟子) 고자하(告子下) 15장

정신공부를 위한 명상 훈련 과정

1단계	심호흡(호흡과 함께 존재하기)
	3~4차례 숨을 쉴수록 호흡이 깊어진다. 호흡은 옆에 있는 사람이 못 느낄 정도로 고요하고 맑게 흐르면 된다.
2단계	주의 집중(주관에서 벗어나기)
	편안할수록, 느긋할수록 집중은 더 잘 된다. 가장 편안한 자세에서 호흡을 하도록 애쓰지 말고, 그냥 자연스럽게 호흡을 따라가도록 한다.
3단계	내려놓기(제3자 관점으로 객관화하기)
	모든 것을 놓아 버리고 있는 그대로 받아들인다. 어떤 생각도 하지 말고 현상 그대로 받아들이면 안정감이 생겨난다. 물 위에 글을 쓰는 기분으로 편안해진다. 숨 쉬는 것조차 못 느낄 정도가 된다.
4단계	긍정적 암시(현재 시제로 생생하게 확신하기)
	암시는 상상을 지배하는 훈련이다. 강력한 현재 시제로 이루어진 모습을 상상한다. 성공 경험은 확대하고, 실패 경험은 축소하면서 그 자체를 믿어 버리면 된다.
5단계	Break Out(편안한 상태에서 현실로 돌아오기)
	마음이 편안한 상태에서 빠져나오고, 그 기분을 그대로 유지한다.

비전을 설정하고 열정으로 실천하라

사람을 움직이는 것은 명령이 아닌 확고하고 명쾌한 비전 (vision)이다. 비전이란 비주얼 미션(visual mission)을 말한다. 생각을 글로 적어 구체화하고, 말하면서 동기 부여를 하고, 행동하며 실천해 보라. 그것을 생생하고 선명하게 오감을 통해 느껴 보라. 소리와 냄새, 향기까지 느끼면서 현재 시제로 표현할 수 있다면 더욱 좋다. 비전은 선명할수록, 해상도가 높을수록, 오감으로 다가올수록 현실이 될 가능성이 크다.

'현대 성공 철학의 아버지'라고 불리는 데일 카네기(Dale Carnegie)는 비전 달성을 위한 3가지 요소를 강조했다. 첫째는 확신을 주는 단어(powerful language), 둘째는 현재 시제(present tense), 마지막은 긍정적이고 영감을 주는 것(positive images)이다.

성공 법칙은 아주 간단하다. 자신의 생각을 글로 적고 확신으로 말하면서 이미 이루어진 것처럼 열정을 갖고 실천하게 되면 반드시 꿈과 비전이 실현되기 마련이다.

잠깐! 꿈(dream)과 비전(vision)의 차이점을 알고 있는가?

2002년 노벨 생리의학상을 수상한 호비츠(Robert Horvitz)는
"비전은 기간이 정해진 꿈(Vision is a dream with a deadline)"이
라고 말했다. 꿈과 비전의 가장 큰 차이점은 시작과 끝의 존재에
있다. 꿈에는 끝점만 존재한다. 하지만 비전은 시작과 끝점이 동
시에 존재한다. '무엇이 되고 싶다'고 하는 것은 꿈이고, 그것을 언
제부터 언제까지 하겠다는 구체적인 시점까지 제시한 것은 비전
이다.

자나 깨나, 앉으나 서나 꿈과 비전과 목표에 대해 하늘을 보면서
생각해 보라. 그리고 긍정적인 말을 해 보라. 북미 인디언 금언에
"어떤 말을 1만 번 이상 되풀이하면 반드시 미래에 그 일이 이루어
진다"는 구절이 있다. 말이 씨가 된다는 뜻이다.

올바른 비전의 밑바탕에는 올바른 가치가 자리한다. 나무로 말
하면 가치는 뿌리다. 뿌리의 질에 따라 비전이라는 열매의 성숙도
가 결정된다. 자문해 보자. '내 인생의 가치는 무엇인가?' 이를 알
아내는 방법이 있다. 주위 사람들이 본인을 어떻게 평가하기를 바
라는지 적어 보는 것이다. 이를 통해 '내가 바라는 나의 모습, 나의

가치'를 들여다볼 수 있다.

올바른 가치에 바탕을 둔 비전을 설정했다면 망설이지 말고 지금 바로 실천하자. 이때 필요한 에너지가 있다. 바로 열정이다. 열정이라는 추진 에너지가 없다면 비전을 달성하기 힘들다. 데일 카네기는 1등의 능력을 가진 열정 없는 사람보다 2등의 능력을 가졌지만 열정 있는 사람이 앞서는 경우가 많다고 했다.

하루에 3번 긍정적 암시하기

1. 잠자리에 들기 전 21회 이상 반복 암시하기
2. 잠에서 깨어난 직후에 21회 이상 반복하기
3. 일상생활 속에서 앉으나 서나 걸어 다니면서 생각날 때마다 21회 이상 암시하기

'백일기도'란 말도 있지 않은가? 암시는 앞에서 말했듯이 반드시 강력한 현재 시제로 확신을 갖고 긍정적으로 생생하게 해야 한다.

외국어 한 가지는 꼭 배워라

교육의 목적은 사람을 변화시키는 데 있다. 사람을 변화시키는 데 있어 특히 스승의 역할이 중요하다. 인생에서 자신에게 깊은 영감을 주고 동기 부여를 해 주는 인생의 멘토를 만난다면 그보다 더 큰 행운은 없을 것이다.

필자에게도 그런 행운이 있었다. 언어를 통해 세상에 몰입할 수 있도록 동기를 부여해 주고 세계로 눈을 돌리게 해 준 멘토 '진 원장'을 만났던 것이다.

그는 영어에 관해서는 대한민국 최고 강사다. 영어를 아주 흥미롭고 쉽게 지도한다. 수년 동안 영어 공부를 해도 성과가 없었고 흥미를 느끼지 못하던 사람도 단 30분 만에 영어에 몰입하도록 만드는 놀라운 강의력을 지닌 사람이다.

그는 어린 시절 광산촌에 살았다. 광산에 나가 물지게를 지며 가계를 도왔다. 그러면서도 영어에 흥미를 느껴 틈틈이 영어책을 들여다봤다. 그러던 어느 날, 그와 동생이 싸우는 모습을 본 부친이 화를 참지 못하고 영어책들을 불살라 버리는 사건이 발생했다. 그 순간 그는 자신의 영혼이 불살라지는 것 같은 심한 충격을 받았다고 한다.

이 사건을 계기로 오히려 공부를 더 열심히 해야겠다는 굳은 각오를 다졌다. 14세에 상경해 영어 공부에 전념했다. 1973년 '전국 영어경시대회'에서 우승하는 등 영어에 대한 열정이 열매를 맺기 시작했고, 미군 부대에서 카투사(KATUSA)로 근무하며 영어 교관을 맡기도 했다. 이후 본격적으로 영어 지도에 나선 그는 관련 서적 14권을 출간하며 토플(TOEFL)과 미국 대학 입학 자격시험(SAT) 등의 명강사로 이름을 높였다.

이처럼 그가 자신감 있는 모습으로 인생을 살도록 만든 것은 무엇일까? 모국어 외에 또 하나의 강력한 언어를 소유했다는 점일 것이다. 이것이 자신에게 영감을 주고 동기 부여를 하는 데 큰 역할을 했다.

필자는 그와의 만남을 통해 언어의 진정한 중요성을 깨달았다. 새로운 언어를 통해 새로운 세상을 볼 수 있다는 사실을 알게 된 것이다. 새롭게 습득한 언어는 '말'이자 '날개'이며 '정신'이 될 수 있다. 언어적 장벽을 극복하면 세계로 날아가는 날개를 단 것과 다름없다.

국내에서 그동안 근시안적 시야와 사고에 갇혀 안주했다면 이제는 변화를 가져 보라. 이 같은 변화는 세계를 보는 시각과 밖으로 향하는 열정을 품게 하고, 작은 물질적 가치에 얽매이던 데서 벗어나 지구 위에서 다른 지구인과 함께 어울려 사는 방법을 보여 줄 것이다.

언어는 '도구'이자 '철학'이다. 말을 하나 더 사용하게 됨으로써 얻는 내재적인 변화, 또 그것이 외부로 분출될 때의 힘은 상상 이상이다. 세상에는 가치 있는 것이 많다. 자신의 변화를 위해 갖춰야 할 것이 많지만 그중 하나만 꼽으라면 '말'을 꼽고 싶다. 모국어에 더하여 외국어 한 가지는 반드시 갖출 필요가 있다.

지향성의 리더십을 발휘한 스티브 잡스

코카콜라를 제치고 전 세계 브랜드 파워 1위에 오른 기업은? 많은 사람들이 어렵지 않게 답할 것이다. 정답은 스티브 잡스가 설립한 '애플'이다. 애플이 선보이는 제품은 전 세계인을 열광시킨다. 아이폰, 아이패드 등 단순하면서도 혁신적인 디자인과 기능을 갖춘 IT 기기들은 소비자들의 구매욕을 강하게 유발시킨다. 이처럼 애플이 강력한 힘을 발휘할 수 있었던 비결은 무엇일까?

애플의 재건을 위해 복귀한 스티브 잡스가 첫 번째로 한 일은 정체성과 핵심 가치를 확립하는 것이었다. 그가 확립한 핵심 가치는 바로 '다르게 생각하라(Think different)'였다. 스티브 잡스는 이 가치를 조직 깊숙이 심기 위해 애썼다. 그들이 만드는 제품의 도구, 재질, 제작 프로세스, 인터페이스는 물론이고 기업 내부 문화에까지 뿌리 깊게 자리 잡도록 했다. 이를 통해 애플은 기업 이미지 자체를 '혁신'으로 만들었고 이는 세계 최고 기업의 탄생으로 이어졌다.

그는 당찬 모습으로 이렇게 말한다. "컴퓨터는 계산 도구가 아닙니다. 커뮤니케이션 도구로 변모할 것입니다." 컴퓨터의 무한한 가능성을 제시하고 획기적인 비전을 가진 잡스의 지향성이 오늘날 우리들의 생활을 바꿔 놓은 것이다.

한 사람의 리더가 어떤 가치를 갖고 어떤 방향을 지향하는지, 또 그것을 얼마나 깊이 이해하고, 얼마나 넓게 공동체에 전파시킬 수 있는지를 생각해 보자. 리더가 조직 전체의 운명을 흥하게 할 수도, 망하게 할 수도 있다. 그만큼 리더의 역할은 크고 절대적이다.

　하늘의 해와 달과 별이 옛 조상들에게 미래를 조언해 주고 어느 시간과 공간 속에 위치해 있는지 알려 준 것처럼, 훌륭한 리더들은 공동체의 현재를 파악하고 바른 방향과 목표를 설정하면서 함께 나아갈 방향을 제시해야 한다.

Summary & Assignment

지향성의 원리에서 우리는 세 가지를 배웠다. '건(하늘)'에서 얻은 각각의 세 가지 원리 외에 그 원리를 구성하는 작은 요소들은 스스로 만들어 보길 바란다.

1. 빛이 있는 곳에 길이 있다

　: 도전 정신과 굴광성의 법칙

2. 비전을 설정하고 열정으로 실천하라

　: 가치와 비전, 실행력

3. 외국어 한 가지는 꼭 배워라

　: 언어와 철학, 스승과 제자

지금까지 어린 시절 동경의 대상이었던 하늘의 특성 중에서 '무한성', '창의성', '지향성'을 통해 미래 지향적이고 창조적인 리더십에 대해 살펴보았다. 이를 되짚어 보자.

첫째, 하늘은 끝이 없고 한없이 높은 무한성의 원리를 지니고 있다. 하늘은 그 끝이 보이지 않는 무한함으로 사람들에게 잠재 능력, 도전 정신, 용기의 가치를 일깨워 준다. 하늘의 무한성을 갖기 위해선 미지의 분야에 관심을 갖고 탐구하려는 마음 자세를 가져야 한다. 무한한 호기심으로 미지의 세계를 탐구하여 개척해 나가는 도전 정신이야말로 지금 이 시대가 필요로 하는 리더의 자질이다.

둘째, 하늘은 기존의 틀을 벗어나 자유롭게 생각할 수 있는 공간으로 창의성의 원리를 깨우쳐 준다. 하늘은 시간에 따라, 계절에 따라 매일매일 다양한 모습을 보여 준다. 우리는 하늘의 다채로운 모습에서 유연한 사고를 배울 수 있다. 해처럼 밝게 빛나는 희망으로 창의성을 길러야 한다. 현실에 바탕을 둔 긍정적인 마음으로부터 비로소 독창적인 것을 창조해 낼 수 있는 창의성을 얻게 될 것이다.

셋째, 하늘은 너무나 광활하고 끝이 보이지 않기에 목적지가 없는 무의미한 공간처럼 느껴질 수 있다. 하지만 그 안에 떠 있는 별을 보면서 길을 찾을 수 있는 능력이 지향성이다. 이는 곧 삶의 가치를 찾고 목표를 추구해 나가는 올바른 자세를 통해 배울 수 있다. 지향성을 갖추기 위해 자신의 삶에서 중요한 가치가 무엇인지 찾아보고 깊이 추구해 보려는 노력을 지속적으로 해야 한다. 또한 자신이 찾은 핵심 가치를 지켜 나가는 신념이 필요하다.

새로운 일을 시작하게 될 때 도전이 두려워지고, 정신이 흐트러진다면 고개를 들어 하늘을 바라보면서 제1의 원소인 공기를 마시며 초심(初心)을 떠올리자. 하늘을 뜻하는 태극의 건(乾☰)괘가 나타내는 정신공부를 통해 탐구 역량을 계발하고, 무한성, 창의성, 지향성을 바탕으로 세상을 밝게 비추는 리더가 되자.

마음공부

땅 / 坤 / 地

땅의 원리 = 다양성, 공평성, 정직성

곤(坤☷)괘를 한지에 수놓은 에바(Eva)의 작품 '어스(Earth)'

"인간의 미래는 인간의 마음에 있다."   - 슈바이처

태극의 4괘 중 곤(坤)은 땅을 뜻한다. 인간은 땅에서 생활을 시작했다. 땅에서 인류의 문명을 열었고, 그 땅 위에서 지금에 이르렀다. 하늘이 아버지라면 땅은 어머니다. 땅이 있지 않았다면 인간뿐 아니라 모든 생명은 잉태되지 않았다. 어머니가 자식을 포용하고 사랑하듯이, 땅이 인간을 사랑하듯이 리더는 따뜻한 마음을 지녀야 한다. 그러려면 내적 역량을 강화하는 '마음공부'가 필수다. 특히 땅이 인간에게 베풀듯이 '베풂의 리더십'을 갖춰야 한다.

"신은 인간의 마음을 먼저 보고 그 다음 그의 두뇌를 본다"는 유대인 격언이 있다. 바른 행동은 바른 마음(正心)에서 나온다. 진정한 리더가 되길 원한다면 몸도, 말도 아닌 바른 마음을 중심에 두고 행동하는 것이 중요하다.

땅은 인간에게 변화에 따른 마음공부를 가르친다. 땅 위 자연에서 다양성(개방성)을 발견하고, 누구에게나 주어지는 땅의 공평성, 자연이 성장하는 모습에서 볼 수 있는 정직성을 배우게 된다.

사계절 24절기의 변화처럼 자연은 다른 모양, 다른 색상으로 다양하게 변하면서 우리에게 다가온다. 무극에서 태극이 되는 것도 자연의 변화 이치다. 씨앗을 뿌리면 줄기가 생기고 열매를 맺는 것도 변화의 과정이다. 자연이 변하듯이 사람도 늘 깨어 있고 변화를 즐겨야 한다. 사람은 어제의 호흡으로 살지 않는다. 오늘은 오늘의 호흡이 필요하다.

다양성은 다양한 인종, 동물, 식물, 문화, 언어를 아우르며 자신과 다름을 인정하는 것으로부터 시작되며 관용과 배려에 대해 알려 준다. 공평성은 간과하기 쉬운 리더의 자세를 조언한다. 일한 만큼 베푸는 땅처럼 조직원들에게 저울과 같은 자세를 지닐 필요가 있다고 알려 준다. 그리고 정직성은 양심과 사심, 원칙과 신뢰의 중요성을 강조한다.

마음 상태는 우리의 본성이 아니라 경험에서 나온다. 마음공부의 방향은 세상을 향해 문을 열고 만나는 모든 대상의 행복을 빌어 주는 데 있다.

땅의 원리 = 다양성, 공평성, 정직성

다양성

"무지개가 아름다운 이유는 다양한 색깔 때문이다."

인간은 혼자서 살 수 없다. 나와는 다른 타인을 인정하고 이해하고 존중해야 한다. 다양성과 개방성은 행복으로 가는 지름길이다.

땅이 우리에게 주는 첫 번째 원리는 다양성이다. 세상과 우주 공간에 있는 모든 것들을 올바르게 접하면서 바로 알고 차이점을 존중하면서 인정해 줄 수 있는 다양성(多樣性)의 원리 말이다. 땅은 인간을 비롯한 모든 생명체의 삶을 지탱해 주는 공간이다. 다른 생명체와 함께 사는 것은 피할 수 없는 숙명이다. 따라서 이를 인위적으로 거스르기보다는 순응하면서 사는 방식을 배울 필요가 있다. 땅을 통해 넓은 마음으로 포용하면서 배려하는 리더십을 기를 수 있다.

소극적인 마음을 적극적인 마음으로, 부정적인 마음을 긍정적인 마음으로, 어두운 마음을 밝은 마음으로, 시기하고 질투하는 마음을 이해하고 용서하는 마음으로 스스로 변화시켜 보자.

태극의 곤(坤☷)괘가 알려 주는 마음공부의 핵심은 땅에 대해 바로 아는 것이다. 땅에는 흙이라는 제2의 원소가 있다. 그 땅 위에는 자연이 펼쳐져 있다. 인간을 비롯한 모든 생명체가 어우러져 만들어진 자연 말이다. 자연을 대하는 인간의 자세가 '인정', '소통'이라면 다른 것들과 융합해서 '조화'를 이룰 것이다. 하지만 '정복'과 '소유'라면 조화 대신 '대립'과 '갈등'이 자리하게 된다.

어울림의 마당을 열 것인가? 아니면 대립의 장을 열 것인가? 이는 인간의 마음에 달렸다. 마음공부는 나를 살리는 길이자 인류를 구하는 길이기도 하다. 땅은 바로 베풂의 리더십을 알려 주고 있다.

무지개가 아름다운 이유

비 온 뒤 하늘에는 아름다운 무지개가 걸린다. 무지개가 아름다운 이유는 일곱 빛깔의 다양한 색상 때문이다.

세상은 무지개와 같은 이치로 아름답다. 세상에는 다양한 인종, 문화, 언어, 종교, 국가, 국기, 민족, 가치, 풍습, 기후, 식물과 꽃, 다양한 동물이 살고 있다. 이렇게 다양한 사람과 자연이 어울려 살고 있는 덕분에 이처럼 아름다운 세상이 만들어질 수 있다.

특히 한국 사람들은 뚜렷한 사계절 속에 살고 있다. 계절의 다양성 때문에 다른 나라의 사람들보다 더욱 다양한 체험을 할 수 있고, 그렇기 때문에 어떤 상황에 직면해도 적응력이 강하다. 추운 나라에 가도, 더운 나라에 가도 한민족은 뛰어난 적응력을 발휘한다.

여러 사람들로 구성된 조직은 그 안의 조직원들이 지닌 다양성을 이해하고 존중할 때 성과를 극대화할 수 있다. 다양성에서 비롯

되는 능력 중의 하나가 바로 앞 장에서 언급한 창의성과 독창성이기도 하다. 세계화 시대를 맞아 각 민족, 국가 고유의 전통과 문화를 바로 알고 이해할 수 있는 마음을 가져야 한다. 또한 삶의 다양한 모습은 보는 사람의 고정 관념이나 판단에 따라 희로애락(기쁘고, 화나고, 슬프고, 즐거운)의 감정이 되기도 한다는 점을 이해하자. 리더는 이러한 인간의 감정과 마음을 헤아려 언행에 있어 질서와 균형을 잡을 필요가 있다. 그래야 조직을 잘 리드해 나갈 수 있다.

최근엔 사회 문화적 측면에서도 다양성이 요구되고 있다. 이것을 과학적으로 표현하면 다원주의(多元主義)라고 한다. 빠르게 변화하는 현대 사회에선 여러 가지 방법 중 어떤 것이 최대의 성과를 낼 수 있을지 예측이 불가능한 경우가 많다. 이때 다양성을 지닌다는 것은 경직된 사고에서 벗어나 시야를 넓힐 수 있는 능력을 제공한다. 나와 다름을 인정하고, 다른 것은 틀린 것이 아니라는 사실을 깨달아야 한다. 그것을 받아들이는 겸허함을 지닌다면 다른 것에 대한 관용과 배려도 생겨나게 된다.

융합은 어떤 일을 추구하기 위해 각각의 다른 성질을 하나로 뭉쳐 그 강점들의 상호 작용에 의해 성과를 내는 것을 말한다. 서로 다른 것들이 공존하게 되면 다양한 변화 상황에 대처할 수 있는 힘이 생기고, 선의의 경쟁 속에 시너지가 발생하게 된다. 다양성이 중요한 이유가 여기에 있다.

리더십의 가치와 철학을 조직에 공유하는 것도 중요한 포인트다. 래프팅은 혼자서 노를 잘 젓는다고 해서 목적지에 무사히 다다를 수 있는 스포츠가 아니다. 모두가 하나 되어 물살을 헤칠 수 있도록 노를 저어야 무사히 목적지에 갈 수 있고 최상의 성과를 낼수 있다는 사실을 다양한 조직원들과 공유해야 한다. 다양한 능력을 가진 다양한 조직원들을 얼마나 조화롭게 융화시킬 수 있는가하는 것이 바로 리더의 능력이다. 자신의 다양성뿐만 아니라 팀원들이 갖고 있는 다양성과 경험을 활용한다면 그것이 최고의 팀을만드는 원동력이 될 것이다.

바쁘게 사는 와중에도 자연의 멋과 가치를 즐길 수 있는 여유로움을 가질 필요가 있다. 아름다운 꽃을 보고 아름답다고 말할 수있고, 높은 산을 보고 한 걸음, 한 걸음 산에 오를 수 있는 마음의여유를 갖도록 해 보자. 그리고 꽃과 나뭇잎, 대자연과 대화를 나누며 무지개의 아름다움에 감탄해 보자.

친구는 가는 길이 달라도

등 돌려 돌아서지 않고

내가 가는 길을 끝까지

지켜보는 사람입니다.

친구는 똑같은 생각을

가진 사람이 아니지요.

서로 다른 생각을 가졌으되

그 다름으로 조화를 이루는 사람입니다.

－ 장석주《새벽예찬》에서

다양성 어워드 Diversity Awards

다양성(개방성)을 통한 열린 마음은 모든 사물을 향해 나아가며 동시에 모든 것을 받아들일 수 있는 넓은 마음을 지니게 만든다. 인적자원관리 컨설팅 기업인 머서(Mercer)가 전 세계 기업들을 대상으로 실시한 설문 조사에 따르면 세계 시장에서 성공하기 위해 가장 중요한 요인은 '문화적 다양성을 통합하고 관리하는 능력'인 것으로 나타났다.

글로벌 기업들은 인재 채용과 육성에 있어 '다양성'을 필수 자질로 꼽고 이를 갖춘 사람들을 선발하고 있다. '다양성 어워드(Diversity Awards)'를 개최하고 있는 글로벌 제약사 머크(Merck)는 "다양성이야말로 고객 만족과 개인의 높은 성과, 하나 된 회사를 위해 직원들 DNA 속에 자리 잡아야 하는 자질"이라고 말한다.

다양성을 관리하는 것은 과거 인종, 성별 등의 갈등을 해소하는 것으로부터 최근엔 개개인의 다른 개성을 적극적으로 활용하는 것으로 추세가 변화되어 왔다. 이제 많은 기업들이 직원 채용 때 각자의 다양성을 이해하고 존중하여 독특한 개성과 강점을 지닌 인재 채용으로 성과를 향상시키고 있다.

IBM은 위기를 극복하기 위해 다양성 관리를 전적으로 실천한 대표적인 기업이다. IBM은 아시아인, 흑인, 히스패닉, 여성, 장애인 등을 고용하여 그들의 다양한 자질을 활용하는 태스크포스팀(TFT)을 만들었다. 이러한 노력의 결과 매출 감소의 위기에 빠져 있던 IBM은 더 다양하고 더 작은 시장까지 사업을 확장하면서 부활의 계기를 마련할 수 있었다.

한식에서 배우는 다채로움과 정신세계

모든 음식 재료는 대지의 다채로움에서 나오는 다양한 재료를 사용한다. 재료 하나하나는 미약하지만 그 많은 것들이 하나가 되었을 때 음식의 맛은 그 가치를 더하게 된다. 대표적인 음식이 비빔밥이다. 다양한 재료를 하나로 모아 기가 막힌 맛을 내는 비빔밥을 통해 우리는 '화합'과 '윈-윈(win-win) 법칙'을 떠올릴 수 있다.

한국 사람들은 식사를 할 때 한 상 가득히 다양한 종류의 반찬과 국, 밥 등을 올려놓고 먹는다. 다양한 종류의 음식을 한꺼번에 보고 즐기고 음미하면서 우리는 자연스럽게 다양성의 원칙을 배워 왔던 것이다.

세계 각국 중 다양성의 원리를 가장 잘 실천하고 있는 나라는 어딜까? 바로 미국이다. 다양한 인종과 민족의 집합소인 미국을 이르는 대표적인 표현으로 '멜팅팟(melting pot)'이라는 말이 있다. 미국 서부 영화를 보면 커다란 솥을 걸어 놓고 모닥불을 피워 여러 가지 재료가 들어간 수프를 끓이는 장면이 종종 나온다. 서로 다른 재료들이 한 솥에 들어가 수프로 거듭날 때, 각기 다른 재료의 맛이 하나의 솥에서 섞이게 되면 새롭고 감미로운 맛을 내게 된다. 마치 우리의 비빔밥 문화와 흡사하다. 미국은 다양한 지역, 다른 인종들에 의해 서로 다른 문화가 어울리면서 자신들만의 정체성을 확립하였고, 이로 인한 다양성의 장점으로 세계 최강 대국으로 성장할 수 있었다.

한민족의 음식 문화는 바른 정신으로도 연결된다. 유교 경전 《예기》는 '무릇 예(禮)의 시초는 음식이다'라고 가르친다. 우리 조상과 부모님들은 올바른 수저 사용법과 밥상 예절을 통해 후손과 자녀들에게 바른 정신과 바른 마음가짐에 대해 가르쳐 왔다. 1년 동안 농사를 지은 농부들에 대해 고마워하는 마음을 음식에 대한 감사 표시와 웃어른에 대한 공경심으로 나타냈다. 또 집안에서 가장 큰 어른이 수저를 들고 식사를 시작하면 그제야 온 가족이 함께 수저를 들고 식사하는 예절을 배웠다. 이를 통해 개인의 정신을 바로 세우는 한편, 다양한 사람들이 어울려 사는 사회가 혼란스럽지 않고 질서 정연해지는 방식을 알아 갔다. 그 방식은 서로 다른 사람들이 모여 살지라도 다 함께 공유할 수 있는 뜻깊은 가치를 서로 이해하고 인정하는 것이었다.

리더는 하나의 문제에 대해 여러 가지 생각을 하면서 다양한 관점에서 볼 수 있는 능력을 갖춰야 한다. 다양한 관점은 다양한 경험과 넓은 시야에서 나오기 마련이다. 이를 바탕으로 올바르게 판단할 수 있는 역량을 키워야 한다. 올바른 판단은 올바른 정신에서만 나올 수 있다. 이런 점에서 한국의 음식 문화는 훌륭한 리더를 기르기에 좋은 환경을 제공하고 있다.

다양한 경험에 의한 살아 있는 지식은 삶의 지혜로 이어진다. 뿌리 깊은 삶을 살도록 노력해야 한다. 리더는 경험을 통해 진정한 지식을 얻곤 한다. 교육은 세상을 향해 마음의 문을 열고 나가는 데서 시작된다.

영감을 떠올리는 방법: 호흡, 산책을 통한 고독의 시간 갖기

영감은 생각을 내려놓고, 마음을 비우고, 있는 그대로의 자연을 받아들일 때 생긴다. '호흡'과 '산책'을 활용하면 자신을 이 같은 상태로 만들 수 있다.

먼저 머리를 스치는 온갖 잡념과 집착에서 벗어나 복잡한 생각들을 일단 잊기로 한다. 마음을 지금 이 순간에 두고 편안한 마음으로 숨을 고르게 내쉰다.

그리고 가장 가벼운 발걸음으로 땅을 자연스럽게 밟으면서 한 걸음씩 걸어 본다. 주위에 보이는 꽃과 나무 등 있는 그대로의 자연을 느껴 본다. 이렇게 걷다 보면 어느 한 순간 하늘이 보이기 시작하고, 자연과 대화를 나누고, 아름다운 글귀와 더불어, 영감이 떠오르는 순간을 체험할 것이다.

흔히 말하길 호흡이 떨어져야 감각이 열리고 천기를 받아들일 수 있다고 한다. 명상의 시간, 산책의 시간은 호흡을 연습하는 시간이다. 호흡은 안정감과 마음의 평정심을 가져오는 등 우리들 마음에 큰 영향을 끼친다. 한마디로 호흡은 우리들 몸과 마음의 중간이라고 할 수 있다.

공원이나 산에 가서 생각과 마음과 몸을 내려놓고 걸어가 보라. 하늘로부터 머리 중심의 백회(百會)를 통해 영감이 내려오고, 예상치 못했던 아름다운 이야기가 자신의 입을 통해 나올 것이다. 한 편의 아름다운 시가 나올 것이고, 살아 있는 그림이 그려질 것이고, 감동을 줄 수 있는 글이 쓰일 것이다. 당신이 음악가라면 영혼을 사로잡는 악보가 만들어지는 것을 확인할 수 있고, 당신이 강연자라면 영혼에 울림을 주는 감동적인 강의를 할 수 있을 것이다.

세계를 여행하라

세상에는 다양한 문화가 공존하고 있다. 사람은 다른 문화를 접할 때 신선함과 거부감을 동시에 느끼고, 이 두 가지 느낌이 상호작용하면서 새로운 영감을 얻는 경우가 많다. 세계를 여행하면서 여러 국가와 민족, 그들의 문화를 만나 다양한 관심사, 다양한 사고 체계를 경험하면 사고의 지평을 넓혀 갈 수 있는 새로운 계기를 마련할 수 있다. 글로벌 리더가 되어 성공을 꿈꾸는 사람이라면 이렇게 다른 세상과 소통할 필요가 있다.

머리로는 세계인의 자질을 갖추도록 실력을 키우고, 눈으로는 하늘을 보면서 미래에 대한 비전을 설정하고, 입으로는 외국어로 커뮤니케이션하고, 가슴으로는 다른 문화를 존중하며, 몸으로는 교양 있게 행동하는 것이 바로 글로벌 리더십이다. 다른 것은 다른 것일 뿐이지 틀린 것은 아니다.

백범 김구 선생은 〈나의 소원〉에서 이렇게 말했다.

"나는 우리나라가 세상에서 가장 아름다운 나라가 되기를 원한다. 가장 부강한 나라가 되기를 원하는 것은 아니다. 우리의 부는 우리 생활을 풍족히 할 만하고, 우리의 힘은 남의 침략을 막을 만하면 족하다. 오직 한없이 가지고 싶은 것은 높은 문화의 힘이다. 문화의 힘은 우리 자신을 행복하게 하고, 나아가서 남에게도 행복을 주기 때문이다."

앞으로는 '문화 강국'이 세계를 리드할 수밖에 없다. 이런 측면에서 세계 180여 개국에 거주하고 있는 750만 명 이상의 한민족 네트워크는 강력한 힘을 발휘할 수 있다. 이들의 다양한 인적 자원과 문화적 경험은 글로벌 시대를 향한 대한민국 인재들의 약진에 큰 도움이 될 것이다.

여행을 통해 직접 다양한 문화를 경험하는 것도 중요하다. 리더가 되려는 사람에게 여행은 사치가 아니다. 보고, 듣고, 느끼고, 경험한 만큼 말로 표현하고 행동할 수 있기 때문이다. 여행은 세상을 향해 새로운 만남을 시도하는 것이며, 우리가 살아온 인생을 생각하게 해 삶을 되돌아보게 하는 시간이기도 하다.
여행을 통한 체험은 결국 하고자 하는 사람의 의지에 달려 있다. 독자들도 여유가 있고 기회가 된다면 1년에 한 번 이상은 외국의 문화와 새로운 세상을 체험해 보라고 권하고 싶다. 새로운 세계를 접하고 사람들을 만나고 느끼고 체험하는 가운데 우리는 인생의 진리를 체득하게 된다.

"진정한 탐험은 새로운 풍경이 펼쳐진 곳을 찾는 것이 아니라, 새로운 눈으로 여행하는 것이다."

- 마르셀 프루스트

'서해안의 푸른 보석'을 알고 있는가?

서해안 태안군에 있는 세계에서 가장 아름다운 정원 중 하나인 천리포수목원을 찾아가 자연과 함께 하나 되면서 걸어 보라.

칼 밀러라는 이름을 가진 미국인에서 1979년 한국인으로 귀화한 민병갈 원장(1921~2002)의 40여 년간의 땀과 노력으로 이뤄진 천리포수목원은 62만㎡ 규모의 황량한 황무지를 약 1만 5,000여종의 식물들이 있는 아름다운 수목원으로 변화시킨 곳이다. 특히이곳은 각종 식물과 꽃의 동산으로 유명한데 전 세계 약 400여 종이상의 목련이 있어 4월에는 '목련의 동산'으로 불리기도 한다.

수목원을 산책하노라면 다양한 식물과 꽃을 통해 자연의 가치를 깨닫고 사계절마다 다른 향기를 느끼게 된다. 서해안의 석양을 바라보면서 바닷가를 걷다 보면 어느새 쏟아지는 별빛과 대화를 나눌 수 있는 곳, 그야말로 한국적인 멋과 아름다움이 느껴지는 꿈의 무대를 만날 수 있다.

대부분의 사람들은 일부러 시간을 내서 생각하지 않는다. 내가 국제적인 명성을 얻은 것은 한 주에 두 번 생각했기 때문이다.

혼자만의 사색의 중요성을 일깨워 주는, 영국의 극작가이자 소설가이고 1925년에 노벨 문학상을 받았던 조지 버나드 쇼(George Bernard Shaw)의 말이 아니더라도 '걸음아 날 살려라'라는 말의 의미를 가장 깊게 느끼고 실천할 수 있고, 마음의 여유를 갖게 해 주는 곳. 천리포수목원을 한번 걸어 보라. 아니면 가까운 공원 산책이나 등산이라도 좋다.

산책은 길을 걸어가는 것이 아니라, 길을 만나는 것이고 살아 있는 책을 한 권 읽는 것과 같다. 때로는 길을 걸어가면서 우리 자신을 다시 찾는 시간이기도 하고, 삶을 되돌아보는 시간이기도 하다. 매일 최소 30분 이상 아스팔트가 아닌 땅과 잔디를 밟으면서 자연과 만날 수 있는 곳으로 가 보라. 눈에 보이는 것, 향기 나는 것, 바람 소리, 새 소리 등 주위에 있는 모든 것들을 있는 그대로 받아들이라. 마음을 비우고 몸으로 느낄 수 있다면 삶에 대해 깊은 깨달음을 얻게 된다.

그 순간 나무가 춤추는 모습이 보이기 시작하고, 꽃의 향기가 느껴지고, 물이 흘러가면서 노래하는 소리가 들리고, 자연이 말하는 소리가 들릴 것이다. 마음을 비운다는 것은 내면에 있는 모든 마음의 병을 치유할 수 있다는 말과도 같다. 자연은 바로 만물을 치유하는 의사이기 때문이다.

걸음아 날 살려라

'걸음아 날 살려라'라는 말이 있다. 관용적으로 보면 도망갈 때 빨리 달리려 애쓰는 모습을 표현한 문구다. 하지만 다른 뜻으로도 해석이 가능하다. 올바른 걸음걸이와 걷기 훈련이 건강에 큰 도움을 준다는 사실을 일깨워 주는 말이 될 수도 있다.

세계보건기구에 의하면 매일 30분 이상 걷기 운동을 하면 성인병을 예방할 수 있다고 한다. 걷기는 마음을 비우고 생각을 내려놓는 데 큰 도움이 된다. 걷는 동안 사람은 내면의 소리에 귀를 기울이면서 자신과 대화할 수 있는 시간을 가질 수 있기 때문이다.

다비드 르 브르통(David Le Breton)은 그의 저서 《걷기예찬》에서 이렇게 말했다.

"걷는 것은 자신을 세계로 열어 놓는 것이다. 발로, 다리로, 몸으로 걸으면서 인간은 자신의 실존에 대한 행복한 감정을 되찾는다."

기왕에 하려면 바르게 걷는 게 좋다. 부자연스럽게 걷는 것은 보기에 좋지 않다. 고개를 숙이고 걷는 것은 자신감이 없는 듯한 인상을 준다. 마음을 비우고 생각을 내려놓고 여유롭게 바른 자세로 걸어가는 것이 여러모로 좋다.

아스팔트 포장길에서 벗어나 땅과 잔디를 밟는 시간을 하루에 30분 정도 가져 보라. 10분은 정신을 위한 것, 10분은 마음을 위한 것, 10분은 몸을 위한 것이다. 그래서 천지인(天地人) 30분이다. 도심 속의 일상에서 벗어나 지친 몸과 마음, 그리고 정신을 아름다운 대자연에 맡겨 보라. 새로운 에너지가 생겨날 것이다. 자연은 우리에게 끊임없이 힘을 준다. 그 다양한 기를 받고 받지 못하는 것은 바로 본인의 선택에 달려 있다. 신이 인간에게 준 가장 위대한 능력은 바로 '선택하는 힘'이다. 무엇을 선택하고 어떠한 삶을 선택할 것인가는 마음이 결정한다.

다양성의 원리에서 우리는 세 가지에 대해 배웠다. 그것은 각각 작은 세 가지 원리로 새롭게 분류할 수 있다. '곤(땅)'에서 얻은 핵심 3가지 원리 외에 그 원리를 구성하는 작은 요소들은 스스로 만들어 보길 바란다.

1. 무지개가 아름다운 이유

   : 변화와 융합

2. 한식에서 배우는 다채로움과 정신세계

   : 다채로움과 풍요로움

3. 세계를 여행하라

   : 문화는 공기요, 여행은 창조다.

공평성

"누구나 땅끝을 향해 달려가면 언젠가는 원점으로 돌아온다."

하는 일이나 태도가 사사로움이나 그릇됨이 없이 아주 정당하고 떳떳할 때 우리는 '공명정대(公明正大)하다'는 말을 사용한다. 땅이 우리에게 주는 두 번째 원칙은 어느 쪽으로도 치우치지 않는 공평성(公平性)의 원리다.

공평성은 균형과 중립을 잃지 않는 것을 말한다. 리더가 공평한 마음으로 공정하게 일을 처리할 때 모두가 따르게 된다.

국제 로타리는 생각하고 말하고 행동할 때 질문 네 가지를 던진다고 한다. '진실한가?', '유익한가?', '선의와 우정을 더하게 하는가?' 그리고 '모두에게 공평한가?'이다. 국제 로타리 회원들은 이 네 가지 질문을 마음속 깊이 새기며 봉사 활동을 펼치고 있다.

세상은 누구에게나 공평하다. 강점이 있으면 약점이 있다. 강점은 강화하고 약점은 극복해 나가야 한다.

공평성을 통해 우리가 배울 수 있는 것은 모두에게 유익하면서도 타인을 배려할 수 있는 마음을 갖는 것이다. 하늘은 나는 사람이 임자고, 땅은 밟는 사람이 임자이며, 자연은 보는 사람이 임자다. 하늘과 땅은 누구에게나 공평하게 주어진다.

어떤 씨앗을 뿌릴 것인가?

《유가귀감》에서 휴정은 '공명정대(公明正大)'에 대해 "대장부의 심사(心事)는 마땅히 청천(靑天)의 해와 같이 하여 누구나 다 볼 수 있도록 하여야 한다"고 말했다. 대장부의 마음과 일은 모두가 다 확인하고 인정할 수 있을 만큼 공명하고 정대해야 한다는 뜻이다.

대지는 모든 것을 공평하게 다 포용한다. 긍정의 씨앗을 뿌리면 약을 주고, 부정의 씨앗을 뿌리면 독을 내놓는다. 모든 인간은 평등한 상태로 땅 위에 태어났다. 그렇기 때문에 어려서부터 어떤 생각을 가지느냐에 따라 그 사람의 미래는 크게 달라질 수 있다. 사람 위에 사람 없고 사람 밑에 사람 없다.

'노벨상'의 나라 스웨덴. 이 나라의 수도인 스톡홀름에 있는 시청 건물은 세계 관광객들이 다녀가는 상징적인 건축물로 유명하다. 라그나르 오스트베리의 설계로 1911년부터 1923년에 걸쳐 800만 개의 벽돌과 1,900만 개의 금도금 모자이크로 만들어진 이 건물은 20세기의 가장 뛰어난 건물 중 하나라는 평가를 받고 있다. 은은하면서도 고상한 기품을 느끼게 해 주는 건물 2층에 '황금의 방'이 있는데, 매년 12월 10일 노벨상 수상자들을 위한 만찬과 파티가 이곳에서 열리는 것으로 유명하다.

이곳을 방문했을 때 사람의 흉상이 있는 것을 보고 현지 가이드에게 물었다.

"혹시 저 흉상은 스웨덴에서 유명한 인물입니까?"

"아니요, 저 흉상은 이 건물을 만든 근로자입니다."

대화를 나누면서 신선한 충격을 받았다. '건물을 만든 근로자들의 이름은 당연히 빛나야 한다'는 사고를 가진 그들의 마음에서 만인은 하늘 아래, 땅 위에서 모두가 평등하고 공평하다는 사실을 새삼 깨우치게 되었다.

덴마크의 수도 코펜하겐에는 세계적인 동화 작가인 안데르센의 동상이 있다.

안데르센은 덴마크 오덴세에서 구두 수선공의 아들로 태어났다. 그의 집은 가난했다. 할머니는 병원에서 청소부로 일했고, 어머니는 빨래를 대신해 주는 일을 했다. 아버지의 갑작스러운 별세로 안데르센 역시 어린 나이에 공장에서 일을 했다. 하지만 그는 이처럼 불우한 환경을 불평만 하지 않았다. 오히려 이를 활용해 감동적인 이야기들을 창조해 냈다. 안데르센은 이렇게 말했다.

"나는 가난했기에 〈성냥팔이 소녀〉를 쓸 수가 있었고, 내 자신이 못났기 때문에 〈미운 오리 새끼〉를 쓸 수 있었다."

안데르센의 작품 중 〈성냥팔이 소녀〉는 가난하게 자라서 구걸까지 해야만 했던 그의 어머니를 소재로 한 작품이었고, 〈미운 오리 새끼〉는 안데르센이 작가로 데뷔한 후 그의 출신 때문에 홀대

덴마크 코펜하겐에 있는 안데르센 동상 앞에서

를 받았던 상처가 문학으로 표현된 것이다. 또한 그의 작품 중 〈눈의 여왕〉은 어린 시절 나폴레옹 전쟁에 참여했다가 돌아온 아버지가 서리가 내리던 밤 신경 쇠약으로 돌아가시게 되자 이를 '눈의 여왕'이 데려가는 것으로 생각한 안데르센의 마음이 작품으로 표출된 것이다.

이렇듯 안데르센의 작품 속에는 어려운 역경을 딛고 그것을 예술 작품으로 승화한 상상력과 순수한 열정이 배어 있다. 부정적인 주위 환경을 긍정적으로 생각할 수 있는 그의 정신력은 지금 이 시대 도전 정신이 결여된 많은 이들에게 있어 돋보이는 바이다.

하늘과 땅은 누구에게나 공평하다고 했다. 주어진 환경을 긍정적으로 만들어 갈 수 있느냐, 아니면 부정적으로 사느냐 하는 것은 바로 우리의 선택에 달렸다.

동물과 교감하는 '애니멀 커뮤니케이터'

다른 사람과 소통할 때는 마음을 열고 대하는 것이 중요하다. 국내 TV 출연을 통해 유명해진 '애니멀 커뮤니케이터(animal communicator)' 하이디 라이트는 동물과 교감을 나눌 수 있는 사람이다.

그녀는 저항하는 고양이의 마음을 읽어 친구가 되고, 외출을 두려워하던 강아지의 마음을 헤아려 산책을 할 수 있게 도왔다. 특히 사람을 태우기 싫어하는 말과의 교감이 인상적이다. 하이디는 과거 이 말이 임신했을 때 잘못된 승마 훈련으로 낙태를 하면서 큰 충격을 받았고 그로 인해 사람을 태우는 것을 싫어하게 되었다는 사연을 주인에게 알려 준다. 주인이 말에게 "미안하다"는 말을 건넬 수 있도록 매개체 역할을 한 그녀의 마음은 순수성과 솔직함 그 자체였다.

그녀는 동물들의 슬픈 사연에 눈물을 쏟기도 하면서, 그들을 이해하고 사랑하는 마음을 바탕으로 인간과 동물의 아름다운 교감의 장을 만들었다. 동물의 마음을 읽어 내는 그녀의 커뮤니케이션 기술은 마음을 활짝 열고 상대방을 대하는 것이 얼마나 중요한 것인지를 우리에게 알려 주고 있다. 소통이 원활하지 않으면 갈등이 생기고 고통이 뒤따른다는 점을 기억하자.

인류 문명을 이뤄 낸 선의와 우정

인생은 빈손으로 왔다가 빈손으로 간다. 다만 어디에서 태어나 어디에서 출발해서 어느 곳에서 생을 마감하는가가 다를 뿐이다.

오스트리아 서부에 있는 잘츠부르크는 바로크 양식의 건축과 모차르트의 출생지로 유명하다. 이곳에서 방문했던 한 중국 식당의 주인은, 얼마 전 인근에 또 다른 중국 식당이 개업을 하자 3주가량 문을 닫고 휴업했다고 말했다. 새로 개업한 식당이 자리를 잡을 때까지 배려하는 조치였다. 서로를 위하는 중국인들의 선의와 우정을 엿볼 수 있는 대목이었다.

현생 인류의 생물학적 학명은 '호모 사피엔스(Homo sapiens)'다. 인류의 조상으로 인식되고 있는 '오스트랄로피테쿠스(Australo-pithecus)'의 직립 보행을 계기로 인간은 다른 어떤 동물보다 탁월한 문명 세계를 이루어 나가기 시작한다. 가축을 기르고 농사를 지으면서 문명의 발전 속도는 더 빨라졌고, 성대가 발달하면서 다양한 소리를 낼 수 있게 되어 다른 사람들과 소통할 수 있는 언어가 더욱 발달했다. 덕분에 인류 공동의 문명은 화려한 꽃을 피우게 된다.

서로 소통하며 지식을 공유하고 지혜를 나누지 않았다면 인류는 찬란한 문명의 꽃을 피우지 못했을 것이다. 그리고 ⏌ 소통의 밑바탕에는 서로에 대한 선의와 우정이 깔려 있다. 선의와 우정이 없었다면 인류 공동의 문명은 형성되지 않았을 것이다.

땅은 누구에게나 공평하게 임하면서, 살아갈 수 있는 공간을 제공한다. 힘이 들 때 우리는 산으로, 강으로, 바다로 여행을 떠난다. 누구에게나 공평하게 주어진다. 리더의 마음도 한쪽으로 치우치지 않는 공평성을 갖는 것이 중요하다.

데일 카네기는 "목장에 흐르는 음악이나 웅장하게 들리는 숲의 교향악에 귀를 기울일 수 없을 정도로 바쁘고 급하게 살지는 말라"고 했다. 바쁘게 사는 가운데서도 우리는 마음의 안정과 여유, 평정심을 잃지 말아야 한다. 대자연과 호흡하면 이웃 사랑을 실천하기도 쉬워진다.

균형과 중립을 지켜라

"하늘은 크고 땅은 오래간다. 하늘과 땅이 크고 오래갈 수 있는 것은 자기를 고집하며 살고 있지 않기 때문이다. 성인은 그 몸을 뒤로 하기에 몸이 앞서고, 그 몸을 밖으로 던지기에 몸이 안으로 보존된다. 이것은 사사로움이 없기 때문이다." — 노자 《도덕경(道德經)》

리더는 차별 없이 공평하게 인재를 육성할 책임이 있다. 공평한 원칙을 정하고 이를 중심으로 일 처리를 하면 구성원들로부터 불평, 불만이 생기지 않을 것이다. 리더는 한쪽으로 치우치지 않는 중용의 자세와 이해심을 바탕으로 행동할 때 상대방의 마음을 움직일 수 있다.

공평성이란 '균형'과 '중립성'을 말한다. 균형은 균등한 시간 할당을 뜻하고, 중립성은 모든 관점을 차별 없이 접근시킨다는 의미를 담고 있다.

사람을 공평하게 대하고 인재에게 고루 기회를 준다는 철학은 아주 오래전부터 정립됐다. 중국 전국 시대 제(齊)나라 장군 사마양저는 《사마법》에서 이렇게 말했다. "옛 성왕들은 나라를 다스림에 있어 하늘의 도에 순응하고 자연의 이치에 따랐으며, 백성 가운데 덕 있는 자를 적재적소의 관직에 배치하고 대의명분을 세워 직무를 수행하게 하였다."

또 공자는 《예기》에서 "큰 도가 행해지면 사람은 자기 부모만을 부모로 생각하지 않고, 자기 자식만을 자식으로 생각하지 않는다"고 말했다. 대의명분 앞에선 사적인 이익보다 사회 전체를 생각하는 공적인 생각이 앞서게 된다는 뜻이다. 이렇게 되어야 자신의 피붙이와 타인을 공평하게 대할 수 있는 여건이 마련된다.

이 같은 철학은 현대 사회에도 이어지고 있다. 유엔 총회에서 정한 '세계 인권 선언' 제1조는 이렇게 밝히고 있다.

"모든 사람은 태어날 때부터 자유롭고, 존엄하며, 평등하다. 모든 사람은 이성과 양심을 가지고 있으므로 서로에게 형제애의 정신으로 대해야 한다."

또 GE 코리아의 이채욱 전 사장은 리더십에 대해 "공정(fairness),

투명(transparency), 일관(consistency)을 리더십의 핵심 3요소라고 믿고 있다. 리더가 공정해야 모두가 따르고, 투명할 때 신뢰가 형성되며, 공정하고 투명한 문화를 일관성 있게 추진해야 비로소 진정한 리더십이 확립되기 때문"이라고 말했다.

모든 사람은 태어날 때부터 동등하며, 자유롭게 살 권리와 행복할 권리, 자유로울 권리를 가진다. 따라서 리더는 사람을 쓸 때 공평성의 원칙에 따라 리더십을 발휘해야 한다.

공평성을 앞세운 세종대왕의 리더십

가장 위대한 성군으로 꼽히는 세종대왕은 '공평성의 리더십'을 실천한 대표적 인물이다. 세종대왕은 '정치하는 것을 어렵게 여긴 군주'라고 전해진다. 《세종실록》 강독을 통해 살펴본 세종은 항상 신하들과 함께 토론하고 의논하고 심사숙고하여 많은 결정을 내린 것으로 알려져 있다. 세종대왕의 이러한 정책 결정 방식에서 발견되는 것이 바로 공평성이다.

한번은 세종의 어가 행렬 중 멋모르고 뛰어든 백성이 있었다. 그를 어떻게 처벌할 것인가를 두고 신하 정연은 법에 따라 엄격히 처벌할 것을 주장한다. 그 당시 조선의 법률에 의하면 가벼운 벌금형이 아니라 최고형인 교수형에 처할 정도의 잘못된 행동이었다. 이 형벌이 무겁다고 생각했는지 세종은 "멋모르고 한 일인데 너무 지나치지 않은가? 다른 법 조항을 살펴보라"고 판결을 내린다. 세종은 죄인이 법에 무지한 백성이라는 것을 감안하여 백성의 입장, 상황, 형편 등 상대방의 입장을 고려해 법을 적용한 것이다.

공평성의 리더십이란 하나의 기준으로 모두에게 똑같이 적용하는 것이 아니다. 상황에 따른 판단력, 사고의 유연성, 상대방과의 공감대 등 총체적인 마음의 능력을 요구한다. 이러한 공평성의 원리를 잘 발휘한 세종은 미천한 신분이었던 장영실에게 과학이란 학문을 연구할 수 있는 기회를 제공했으며, 무지한 백성들에게 한글을 창제하여 알려 줌으로써 백성들이 법과 정치에 대해 알 수 있는 기회를 주었다.

땅은 우리 모두에게 동일한 기회를 제공한다. 우리가 밟고 설 수 있는 이 땅은 모두에게 동일한 지지대가 되어 주고 여러 개의 가능성 있는 길을 제시해 준다. 이렇듯 리더는 공평성의 원리를 실천해야 한다.

Summary & Assignment

공평성의 원리에서 우리는 세 가지에 대해 배웠다. 그것은 각각 작은 세 가지 원리로 새롭게 분류할 수 있다. '곤(땅)'에서 얻은 핵심 세 가지 원리 외에 그 원리를 구성하는 작은 요소들은 스스로 만들어 보기 바란다.

1. 어떤 씨앗을 뿌릴 것인가

   : 공평과 유익

2. 인류 문명을 이뤄 낸 선의와 우정

   : 선의와 우정

3. 균형과 중립을 지켜라

   : 나눔과 배려

정직성

"학문하는 사람은 반드시 참된 마음으로 하라."   - 율곡 이이

리더가 팀을 효과적으로 이끌려면 조직원으로부터 신뢰를 얻어야 한다. 솔직한 모습과 신용으로 사람들의 신뢰를 얻어야만 사람들이 믿고 따르게 된다. 특히 정직한 모습은 다른 사람의 마음을 움직이게 한다.

땅이 우리에게 전하는 세 번째 원리는 바로 정직성(正直性)이다. 정직성이란 마음에 거짓이나 꾸밈이 없이 바르고 곧은 특성을 말한다. 인간의 본질은 정직과 진실한 마음에 있다. 정직한 사람은 말과 행동 모두 자연스럽다.

누구에게나 공평한 이 땅에 무엇을 심고 가꿀 것인가? 우리가 심은 대로, 뿌린 대로 그 열매는 맺힐 것이다. 땅은 거짓을 모르기 때문이다. 이와 관련해 주자는 "양심을 보존하고 본성을 함양하면

서 나쁜 마음이 스며들지 않도록 잘 살펴서 단호하게 물리쳐야 한다(存養省察)"고 주장하였다.

정직성, 다시 말해 바른 마음(正心) 속에 바른 생각이 떠오르고, 바른 행동이 나오고, 바른 말이 나오고, 바른 글이 써진다. 정신공부, 마음공부, 몸공부에서 가장 중요한 것이 바로 마음의 작용을 깨닫는 마음공부다.

양심을 바로 세우라

"정직(正直)은 가장 확실한 자본(資本)이다."

— 랄프 에머슨

내 몸의 주인은 마음이며 말과 행동은 바로 마음의 표현이다.

양심(良心)은 천성 그대로의 본심을 말하며, 사심(私心)은 물욕에 의해 발동하는 욕심을 말한다. 인간 본연의 성품은 양심인데 우리는 때로 사심에 사로잡혀 도리에 어긋나는 말과 행동을 하게 됨으로써 본인뿐만 아니라 타인에게 피해를 주게 된다.

양심을 갖고 산다는 것은 하늘의 뜻과 질서를 바로 이해하고 순응하면서 올바르게 살아가는 것을 말한다. 예로부터 마음을 속이지 말라고 했다. 가슴에 양심을 품고 사는 사람은 하늘의 기운을 받고 자연의 도움을 받을 수 있으며 어떠한 두려움도 이겨낼 수 있다.

군자가 갖는 세 가지 두려움이 있다. 첫째, 천명(天命)을 거역하지 않는가? 둘째, 천인(天人)을 거역하지 않는가? 셋째, 성인(聖人)의 말씀에 어긋나지 않는가? 가슴에 양심을 품고 살면 이 같은 두려움을 이겨 낼 수 있다.

미국 제16대 대통령 에이브러햄 링컨은 "한 사람을 여러 번 속일 수 없고, 또 여러 사람을 단 한 번 속일 수 없다"고 말했다. 성경 잠언 11장 3절도 "정직한 자의 성실은 자기를 인도하거니와, 사악한 자의 패역은 자기를 망하게 하느니라"라며 정직성을 강조하고 있다.

땅과 자연은 정직하고 사람을 속이지 않는다. 때로는 너무 정직해서 손해를 보는 경우도 있지만, 인생에 있어 정직성과 신뢰는 가장 큰 자산이다. 한 번 깨진 거울처럼 한 번 어긋난 신뢰는 아무리 정교하게 붙이려 해도 흠이 생기기 마련이다.

생각의 근거지 또는 출발점을 '타임 루트(time root)'라고 부른다. '타임 루트를 찾아 돌아간다'라고 표현하면 자신을 본래 모습으로 되돌려 놓는 것을 말한다. 한마디로 원래의 모습을 깨닫는 것으로 불교에서는 '각성'이라고 한다. 이 상태에선 순수한 인간 본래의 모습, 자연스럽고 정상적인 인간의 모습을 깨닫는다.

살면서 스트레스를 받으면 그 모습이 비뚤어지기 시작한다. 심하면 내분비 기관에 이상이 올 수 있으며, 불면증 등에 시달릴 수도 있다. 타임 루트가 비뚤어지면 정신적 고통이 생기게 된다. 반대로 스트레스에서 벗어나 여유로운 마음을 갖게 되면 타임 루트는 원래의 상태로 되돌려진다. 사람의 마음과 가장 밀접한 연관이 있는 것이 호흡이다. 흥분하면 호흡이 빨라지기 시작한다.

조용히 눈을 감고 과거 어린 시절 추억을 한번 떠올려 보라. 3분이 지난 후 과거의 일들이 어느 방향에서 날아오는지 생각해 보라. 좌측 방향에서 날아오는가? 우측 방향에서 날아오는가? 아니면 정면에서 날아오는가? 머리 뒤쪽에서 날아오는가? 그리고 앞으로 올 미래의 멋진 모습을 상상해 보라. 이 장면은 좌측, 우측, 정면, 머리 위, 머리 뒤쪽 중 어느 방향에서 떠오르는가?

과거는 우뇌가 관장하기 때문에 왼쪽 영상이 우뇌로 전달된다. 따라서 과거 장면은 왼쪽에서 떠오르는 게 정상이다. 왼쪽 45도 방향에서 과거 장면이 떠오른다면 스트레스가 없거나 잘 관리하고 조절하는 사람이다. 이는 어린아이나 성직자들에게서 많이 관찰된다.

머리 뒤쪽에서 떠오르는 것은 심각한 상황이다. 이것은 과거 때문에 스트레스를 많이 받고 있는 상태를 나타낸다. 불면증, 대인 공포증 등에 시달리거나 마음이 여리고 예민해진 상태에서 이 같은 현상이 관찰된다.

미래는 좌뇌가 관장한다. 그렇기 때문에 미래에 대한 생각은 오른쪽 45도 방향에서 떠올라야 정상이고, 현재는 정면 가운데서 떠올라야 한다.

살면서 과거에 너무 집착한다든지, 미래에 너무 집착을 하게 되면 생각의 출발점이 잘못된 방향으로 움직이게 된다. 최악의 경우는 빙 돌아서 머리 뒤쪽으로 가 있는 경우다. 이때는 생각의 출발점을 다시 원래의 위치로 옮겨야 한다. 타임 루트를 원래의 상태로 되돌려 놓으면 나쁜 증상들이 사라진다. 과거 타임 루트, 현재 타임 루트, 미래 타임 루트 이렇게 세 가지가 제자리를 찾으면 마음이 반듯해진다. 한 달에 한 번 정도 의식적으로 생각해서 타임 루트를 제자리로 잡아 놓을 필요가 있다.

대한민국의 국화인 무궁화는 맑고 깨끗함, 순수함의 상징이다. 무궁화는 '다함이 없는 꽃'이라는 의미를 갖고 있다. 무궁화는 사람의 형상을 나타낸다.

'다함이 없는 꽃'이라는 의미를 지닌 무궁화

　맨 위의 잎은 머리, 그리고 차례대로 양팔, 양다리, 가운데는 심
장을 나타낸다. 무궁화는 오염된 곳에서는 꽃을 피우지 못하고 진
드기가 많이 생긴다. 그래서 무궁화는 공기가 맑고 깨끗한 곳에서
만 꽃을 피우는데, '사람의 마음도 무궁화처럼 맑고 깨끗하고 순수
하면 무궁무진한 일을 할 수 있다'고 해서 무궁화라고 한다. 이 말
은 책에 나오는 것이 아니다. 그냥 그대로 하늘이 우리에게 들려주
시는 말씀이다.

앞으로의 지도자는 부드러우면서도 강한 카리스마를 지닌 정직성을 바탕으로 한 순수한 모습의 인물이 아닐까? 정직성이란 자신을 속이지 않는 양심과 타인을 위하는 순수한 마음에서 나타난다는 사실을 명심해야 한다.

겉과 속이 같은 토마토

토마토는 영양소가 풍부한 채소다. 거기에 맛도 일품이다. 여기에 한 가지 장점을 더할 수 있다. 겉과 속이 같아 정직하다는 점이다. 토마토는 표면이 푸른빛을 띠고 있을 때 내부도 푸른색, 겉이 빨간색으로 익어 가면 내부도 빨간색을 띠게 된다. 안과 밖이 같은 색을 띠는 것이 바로 토마토다.

토마토처럼 리더도 겉으로 드러난 이미지와 내면의 이미지가 같아야 한다. 속이지 않는 정직성을 가져야 한다.

토마토를 볼 때마다 생각나는 사람이 있다. 매일 아침, 양배추와 함께 토마토로 식사를 했던 이분은 한 연구소를 맡아 소장으로 일했다. 토마토의 겉과 속 같이 정직하게 살며 직원을 진심 어린 마음으로 대하고 감동시키는 탁월한 관계 능력을 가진 멋진 사람이었다.

그는 특히 다른 사람과 인연을 맺게 되면 그 사람의 좋은 점을 발견하고 예쁜 사진이 담겨 있는 명함 크기의 그림 뒷면에 좋은 점을 적어 선물했다. 이러한 행동에 많은 사람들이 감동했다. 크지 않지만 세심한 부분을 알고 실천하는 그의 자세에서 아름다운 리더의 모습을 발견할 수 있었다.

오늘 만났지만 내일 또 보고 싶은 사람이 주위에 있다면 어떤 기분일까? 이런 사람이 내 곁에 있다는 사실 때문에 행복하고 힘이 날 것이다. '말로 하는 사랑은 쉽게 외면할 수 있으나 행동으로 보여 주는 사랑은 저항할 수 없다'고 한다. 우리도 올바른 마음가짐으로 가치 있는 씨앗을 뿌려 보자. 올바른 새싹과 열매를 맺게 될 것이다. 삶은 뿌린 만큼 거두어들인다.

신념을 따르고 자신감을 강화하라

"군자는 의리에 밝고, 소인은 이익에 밝다."　　　　　　　　- 공자

　봄에 씨앗을 뿌리고 여름에 열심히 일한 농부는 가을에 그 열매를 추수하게 된다. 땅에 대한 믿음이 있기에 씨앗을 뿌린다. '뿌린만큼 거둔다'는 말처럼 정직성은 바로 지속적이면서 하나의 일관된 행동을 통해 사람들에게 진실과 믿음을 주고 신뢰를 주는 영향력 있는 리더십을 뜻한다. 정직한 사람은 당당하고 자신감 있게 행동할 수 있다.

　자신감은 어떻게 생겨날까? 자신감은 자신에 대한 가치와 능력을 스스로 인정하는 것이다. 다시 말해 자신을 믿는 감각(느낌)을 말한다. 여기에는 종종 풍부한 경험이 큰 역할을 한다. 자신감의 반대말은 '자기불신감(自己不信感)'이다. 자신감이 떨어지면 자신의 가치가 떨어진다는 느낌이 들면서 스스로를 불신하면서 살게된다.

　자신감의 가장 큰 적은 바로 남들과 같아야 한다는 강박 관념이

다. 사람은 남들과 다르다는 느낌에 빠지면 불안해지거나 불편해지는 특이한 감정 상태에 놓인다. 이때는 무엇을 해도 잘 안 되는 일종의 슬럼프 현상을 맞게 된다. 그러나 우리는 모두 다르다. 이 지구 상에 나와 똑같은 존재는 없다는 생각만 가져도 자신감이 생겨날 수 있다.

자신감을 기르기 위해 다음 세 가지를 기억하자.

첫째, 성공 경험이 많을수록 자신감이 생겨난다. 과거의 실패 경험은 줄이고 성공 경험은 확대하면서 평소에 자주 성공적인 상상을 하라.

둘째, 남들과 비교하지 말고 '나는 남들과 다르다'는 생각을 가진다. 과거로부터 자유, 사람으로부터 자유, 환경으로부터 자유, 고정 관념으로부터 자유, 그야말로 모든 것으로부터 자유! 이것이 진정한 의미에서 자신감을 기르는 법이다.

셋째, 오늘은 어제와 다르다는 사실을 인식한다. 청소년 때 입었던 옷이 성인이 된 지금 맞지 않듯이 어제의 철학이 오늘에는 맞지 않는다. 오전, 오후, 저녁이 다르다. 매 순간이 다르다는 사실을 깨닫고 현재에 충실하라.

본인이 믿는 신념에 따라 흔들리지 않고 살면 자신감은 자연스럽게 강해진다. 삼국지에 나오는 관우가 대표적이다. 그가 수세기가 지난 후에도 추앙 받는 이유는 바로 '충(忠)'과 '의(義)'에 있다. 충성심이 강하고 의리가 깊고 인정이 많았던 그는 자신에 대한 자존감과 자신감을 통해 잠재된 능력을 발휘할 수 있었고 오늘에 이르기까지 시대의 영웅과 도덕의 모범으로 꼽히고 있다.

특히 그는 불의를 참지 못하고 정의를 위해 싸우는 모습으로 투영되면서 지금도 중국 전역에서 '의리의 사나이'로 존경을 받는 숭배의 대상이 되고 있다. 중국에는 성인의 묘를 뜻하는 '림(林)'으로 공자의 공림(孔林)과 하남성 낙양에 위치한 관우의 관림(關林)이 있는데 이를 이림(二林)으로 부르고 있다.

이제 마음의 가식을 벗어던지고 맑고 투명한 자신의 참모습을 발견하면서 선과 의로 당당하게 세상을 살아가자.

몸은 있으나 나라가 없으니

독립운동가 강우규(姜宇奎) 의사는 1919년 일본 총독 암살을 결심하고 서울로 잠입했다. 그해 9월 2일, 3대 총독으로 부임하던 사이토 마코토의 마차에 폭탄을 던졌지만 총독 암살에는 실패하고 37명의 사상자를 낸다.

친일파 형사에게 붙잡힌 강 의사는 법정에서도 의연함을 잃지 않았다. 일본인 판사가 처음에는 '피고'라고 불렀으나, 그의 인격과 기품에 압도되어 '강 선생', '영감님'이라고 부를 정도였다고 한다.

옥바라지를 하던 아들 중건에게 그는 이렇게 말한다.

"내가 죽는다고 조금도 슬퍼하지 말라. 내 평생 나라를 위해 한 일이 아무 것도 없음이 도리어 부끄럽다. 자나 깨나 잊을 수 없는 것은 우리 청년들의 교육이다. 내가 죽어서 청년들의 가슴에 조그마한 충격이라도 줄 수 있다면 그것은 내가 소원하는 일이다."

1920년 11월 29일 서대문 형무소 독방에서 강 의사는 교수형을 당하기 전 마룻바닥에 유언을 남겼다. 그의 나이 65세였다. 그가 남긴 순국시는 다음과 같다.

斷頭臺上 猶在春風 有身無國 豈無感想
(단두대상 유재춘풍 유신무국 기무감상)

'단두대에 홀로 서니 춘풍만이 감도는구나. 몸은 있으나 나라가 없으니 어찌 감회가 없으리오.'

죽음을 눈앞에 두고 나이 많은 65세의 독립운동가는 나라의 미래가 걱정된다는 글을 남겼다. 대한민국 정부는 1962년 '건국훈장 대한민국장'을 강 의사에게 추서하였다.

우리에게 있어 조국과 민족의 의미는 무엇일까? 가장 낮은 단계의 사랑은 '자기 사랑'이고, 그 다음은 '이웃 사랑', 그 위가 바로 사회와 국가를 사랑하는 '애국심'이다.

"어떤 것도 두려워하지 않고 대의(大義)를 위하여 기꺼이 목숨을 버릴 준비가 된 사람은 다른 사람을 벌벌 떨게 한다"고 톨스토이는 말했다. 지금 어디로 가야 할지 방향을 잃은 리더라면 '선(善)'과 '의(義)'라는 씨앗을 다시 뿌리는 것으로 시작해 보자. 리더는 정의를 실천하고 불의와 타협하지 않는 마음을 가져야 한다.

책임감과 성실성으로 세상을 대하라

하늘이 아버지라면, 땅은 어머니를 상징한다. 리더는 무릇 부모의 마음을 지녀야 한다. 부모가 자녀를 대하는 마음 말이다. 특히 책임감과 성실성을 가져야 한다.

영국의 극작가 버나드 쇼는 "부모란 하나의 중요한 직업이다. 그러나 지금까지 자식을 위해 이 직업에 대한 적성 검사를 행한 적은 없다"고 말했다. 여기서 그는 부모가 무조건적인 사랑과 함께 책임감을 가져야 한다고 주장한다.

마찬가지로 리더는 도덕적 가치와 함께 보편적인 책임감을 조화시킬 수 있는 마음을 가져야 한다. 정신과 마음이 인간을 만든다. 하늘의 질서, 땅과 자연의 조화로움에 순응하면서 올바른 삶을 살아가는 것은 때론 참 힘들다. 이것을 실천하는 사람은 위대한 인생을 사는 것이다.

이제 정직성을 바탕으로 책임감과 성실함으로 자연을 대해 보

자. 자연을 대하는 인간의 자세가 소통이라면 조화로움이 넘쳐 날 것이고, 소통이 아니라 정복이라면 갈등과 혼란에 시달릴 것이다.

소통의 리더십! 이것은 바로 정직한 마음이 바탕이 됐을 때 가능하다. 인간과의 소통을 위해, 자연과의 소통을 위해 정직성을 가슴에 담아 두도록 하자.

잭 웰치의 '정직성 리더십'

"나는 내가 어디로 가는지 알고 있으며, GE의 전 구성원은 내가 어디로 가는지를 알고 있다."

GE를 이끌었던 잭 웰치(Jack Welch)는 세계에서 가장 존경 받는 리더가 된 비결을 묻는 질문에 이렇게 답했다. 자신의 방향성에 대한 확신이 있었고 이를 투명하게 공개함으로써 조직원들의 신뢰를 얻었다는 뜻이다.

한때 잭 웰치는 GE에서 생산한 제품에 문제가 생겨 곤경에 처했다. 제품들이 판매된 후였기 때문에 대량으로 리콜(recall)을 해야 하는 상황이었다. 리콜이 결정되면 기업에 막대한 재정적 손실이 생길 것이 불 보듯 뻔했다. 이때 잭 웰치는 GE의 대표적인 핵심 가치인 정직성을 깊게 이해하고 있었기 때문에 망설이지 않고 리콜을 결정했다. 기업의 재정적 손해보다 고객들을 대하는 정직성을 선택했던 것이다.

결국 GE는 막대한 재정적 손실을 입었지만 고객들에게 신뢰를 받는 기업으로 다시 한번 자리매김했고 이후 매출이 더욱 상승하는 결과를 가져왔다. 기업 경영에서 문제가 발생했을 때 CEO가 핵심 가치를 잘 이해하고 방향을 잃지 않는 정직한 결정을 내리는 것이 얼마나 중요한지를 보여 주는 대표적인 사례다.

Summary & Assignment

정직성의 원리에서 우리는 세 가지에 대해 배웠다. 그것은 각각 작은 세 가지 원리로 새롭게 분류할 수 있다. '곤(땅)'에서 얻은 핵심 세 가지 원리 외에 그 원리를 구성하는 작은 요소들은 스스로 만들어 보기 바란다.

1. 양심을 바로 세우라

   : 양심과 사심, 원칙과 신뢰

2. 신념을 따르고 자신감을 강화하라

   : 믿음과 자신감, 선(善)과 의(義)

3. 책임감과 성실성으로 세상을 대하라

   : 책임감과 성실성

우리의 신체에서 생각과 마음과 몸과 말 중 가장 중요한 것이 바로 마음(心)이다. 그래서 수신(修身)하기 전에 바른 마음(正心)이 필요한 것이다. 이것은 인간으로서 나의 참모습을 발견하고, 그 참모습을 필요로 할 때마다 우리의 마음을 불러올 수 있는 능력을 갖는 것이다.

지금까지 우리는 땅의 리더십 원리에 대해서 알아보았다. 땅은 모두를 품으면서 다양성, 공평성, 정직성을 바탕으로 한 어머니 같은 리더십을 제시한다.

첫째, 땅은 다양성을 내포하면서 모두를 아우른다. 개인의 차이를 수용하여 조직을 형성하는 다양성 원리를 통해 선 긋지 않고 서로 인정한다면 엄청난 시너지 효과를 발휘할 것이다.

둘째, 상대방과 눈높이를 맞춰 동등하게 존중하는 사려 깊은 공평성의 원리다. 각박하게 돌아가는 이 시대가 원하는 진정한 리더상이 아닐 수 없다.

셋째, 땅이 가르쳐 주는 정직성이다. 소신과 원칙을 지키는 정직함이야말로 존경 받는 리더가 되는 데 필요한 필수 조건이다.

사계절의 변화에 따라 땅이 다양한 모습으로 변하듯이 우리는 땅의 원리를 통해 그 변화를 받아들이고 자연에 순응해야 한다. 자연과 공존하면서 하나가 된 상태에서 새롭게 변화해 나가는 모습이 우리가 가야 할 길이다. 땅은 그래서 우리에게 변화의 중요성을 일깨워 준다.

대인 역량

═ ═

[감坎]

몸공부

물 / 坎 / 水

물의 원리 = 생명력, 유연성, 투명성

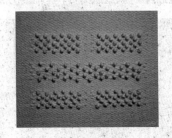

감(坎☵)괘를 한지에 수놓은 에바(Eva)의 작품 '워터(Water)'

"만물의 근원은 물이다."   - 탈레스

태극의 4괘 중 감(坎☵)은 물(水)을 뜻한다. 물 없이 살 수 있을까? 음양오행의 원리에서도 물은 창조의 근원, 생명의 근원이다. 예로부터 물은 하늘, 땅과 함께 포용력과 생산력의 상징으로 여겨졌다. 하늘이 지켜 주는 포용이라면, 땅은 대지가 받쳐 주는 포용, 물은 어루만져 주는 포용이다.

신선한 물은 인간의 생명력, 건강을 지켜 주는 상징이다. 이러한 물처럼 리더는 건강을 유지할 수 있도록 몸공부를 해야 한다. 계곡을 타고 강을 향해, 그리고 끝없는 바다를 향해 흐르는 물을 바라보면서 무한한 에너지의 원천, 생명력을 느끼며 리더는 동기 부여를 할 수 있다. 또 높은 곳에서 아래로 흘러가면서 무엇이든 받아들이는 모습을 통해 포용력과 겸손함 및 유연성을 기르고, 맑고 깨끗한 물을 바라보면서 투명성의 의미를 깨달을 수 있다.

창조력의 근원인 물이 우리에게 주는 리더십 원리는 생명력, 유연성, 투명성으로 요약되며 자기중심적 생활에서 공동체를 통한 관계를 중요시하는 대인 역량을 키우는 데 도움을 준다.

앞서 우리는 하늘을 향한 정신공부를 통해 주의력과 집중력을 향상시키는 방법에 대해 배웠다. 그것은 자신을 객관화한 상태에서 과학적 방법으로 세상을 바라보는 것이라고 했다. 이제는 그것을 몸에 적용시키는 것이 중요하다. 몸공부가 필요한 이유다.

우리의 직관과 판단력은 때로는 마음보다 몸을 통해 생생하게 작용한다. 인간을 제외한 대부분의 동물은 비언어로 소통한다. 언어에는 거짓이 있을 수 있지만, 몸짓으로 하는 비언어에는 거짓이 없다. 있는 그대로 받아들일 뿐이다. 따라서 혼자 있을 때는 마음이 어긋나지 않았는지 살펴보고, 사람들과의 만남에서는 늘 말과 몸짓의 흐름을 살펴야 한다.

물을 통해 우리는 사람과의 교류, 협력의 중요성을 배우게 된다. 서로의 강점을 수용하고 협력하는 것이 바로 융합이다.

노자는 성인(聖人)과 같은 훌륭한 인물을 '상선(上善)'이라 하여 물에 비유하면서 다음과 같이 말했다.

"상선, 즉 아주 훌륭한 사람은 물과 같다. 물은 만물을 이롭게 하면서 서로 다투지 않고 사람들이 싫어하는 곳에 있으니 도(道)에 가깝다. 거하기는 땅에 있고, 마음은 못처럼 깊고, 행하기는 어질게 하고, 말은 믿음직하고, 정치는 바르게 잘 다스리고, 일은 능력 있게 잘 처리하고, 움직임에 있어선 때를 잘 맞춘다. 오직 다투지 않으므로 허물이 없다."

생명력

물은 흐른다. 어린 시절 강가에서 흐르는 물을 바라보며 생명의 힘을 느낄 수 있었고, 그것을 통해 정신이 맑아지고 마음이 안정되고 몸의 자유로움을 느낄 수 있었다. 강가에서 흐르는 물은 삶의 원동력이 되었다.

물이 우리에게 전하는 첫 번째 원리는 생명력이다. 이는 자연과 인간 등 모든 생명체의 삶의 원천이 된다.

미국항공우주국(NASA)이 발사해 2004년 1월 화성에 착륙한 탐사 로봇들이 가장 먼저 찾아 헤맨 것은 바로 물과 생명체였다. 생명이면 생명이지 왜 물도 함께 찾아 헤맸을까? 그만큼 물과 생명은 떼어 놓을 수 없는 불가분의 관계에 있기 때문이다.

물은 인류 문명의 시원이 되기도 했다. 모든 생명체는 물이 있는 곳 주위에서 살 수밖에 없다. 세계 최초의 문명을 이루었던 황하문명, 인더스문명, 메소포타미아문명, 이집트문명 등 4대 문명 모두 커다란 강줄기를 중심으로 탄생했다.

물은 건국 신화에서도 찾아볼 수 있다. 광개토대왕릉비에 기록된 고구려 건국 이야기에는 "주몽은 천제(天)의 아들 해모수와 하백(水)의 딸에 의해 태어났다"고 기록되어 있다. 하늘과 물이 만나 태어난 위대한 인물이 나라를 세웠다는 의미다.

물처럼 모두가 하나 되어 올바른 곳을 지향하고 한 방향으로 흘러갈 때 서로에게 도움이 되며 동기 부여를 할 수 있다. 이것이 바로 진정한 의미의 상생이며 생명력이다. 우리는 물을 통해 대인 역량(관계 역량)을 강화하는 방법을 배울 수 있다. 21세기 통합의 시대를 맞아 '물의 리더십'이 더욱 중요해지고 있다.

동기 부여의 힘

물은 목마른 사람들의 갈증을 풀어 주고 대지에 푸른 싹을 틔우게 한다. 땅 위에 있는 모든 생명체는 물 없이 살 수 없다. 물이 있어야 식물을 키울 수 있고 농사를 지을 수 있다. 농부는 땅에 주기적으로 물을 주어 수분을 넉넉히 공급한다. 물이 없으면 땅이 갈라지면서 식물의 뿌리가 견디지 못해 죽어 버리기 때문이다. 사람도 매일매일 물을 지속적으로 공급 받아야 한다. 리더에게 필요한 것은 이 같은 지속성, 일관성이다. 리더가 지속적이면서도 일관된 행동을 보이게 될 때 강한 추진력과 함께 영향력 있는 리더십을 발휘할 수 있다.

'2002 월드컵 4강' 신화는 히딩크 감독의 영향력 있는 리더십에 기인한다. 히딩크는 국가 대표 축구팀 감독에 부임한 후 약 일주일간 한국 선수들의 발놀림을 유심히 관찰했다. 비디오 분석을 통해 그는 한국 선수들 대부분이 오른발, 왼발을 자유자재로 구사하고 있다는 사실을 알았다. 히딩크는 이 사실에 기반해 기존 감독들과는 다른 처방을 내린다. 그는 선수들에게 "너희들의 기술은 이미 세계적이다. 문제는 체력이다"라고 하면서 체력에 집중하는 훈련을 시작했다. 이후 월드컵 개막을 2~3개월 앞두고는 전략과 전술 훈련에 집중하는 체계적인 방식으로 월드컵 4강 신화를 이루게 된다.

한국 축구에 대한 정확한 진단, 선수 개개인에 대한 강점 파악과 함께 '우리의 목표는 최소 4강 진출'이라는 비전 제시로 동기 부여를 했기에 대표팀은 준결승까지 진출할 수 있었다.

물은 모든 생명체가 생명을 유지할 수 있도록 영양을 공급한다. 리더도 마찬가지로 팀원들의 좋은 점을 잘 관찰해서 인정하고 칭찬해 줘야 한다. 칭찬은 고래뿐만 아니라, 코끼리도 춤추게 한다. 동기 부여는 마음의 작용을 머리로 생각하고 긍정적인 말로 나타내며 행동하는 것을 뜻한다. 우리가 바른 마음을 가지고 있을 때 정신적으로 올바르게 되고, 그러한 생각들이 긍정적인 말을 통해 다른 사람들에게 영향력을 행사할 수 있게 되면서 크게 성취할 수 있도록 도움을 준다.

11세기 중국 송나라 시대의 대표 화가였던 곽희(郭熙)는 하늘의 기를 타고날 정도의 천재로 손꼽혔다. 곽희의 저서인《임천고치

(林泉高致)》에 다음 글이 나온다.

"선생님 같은 화가는 하늘의 기를 타고난 것입니까?"

"고맙지만 나의 재능은 노력에 의한 것이었고, 하늘의 기를 타고난 화가를 접해 본 적이 없다."

"그럼, 어떻게 하면 선생님 같이 될 수 있습니까?"

"첫째, 1만 장의 그림을 보려는 노력을 해야 한다. 둘째, 1만 리를 여행해 보라. 셋째, 1만 권의 책을 읽어 보라. 넷째, 1만 장의 그림을 직접 그려 보라."

곽희는 수많은 연습을 강조한다. 많은 그림을 보고, 많은 경험을 하고, 많이 생각하고, 많은 그림을 그려 봐야 훌륭한 화가가 될 수 있다는 아주 평범한 진리다. 그래야만 영혼이 살아 숨 쉬는 생명력 있는 그림이 나와 사람의 마음을 움직일 수 있다는 것이다.

도시의 생명력은 건물의 디자인과 더불어 아름다운 야경을 통해 확인된다. 홍콩이나 싱가포르에 가 보면 한 도시 내에 같은 모양의 건물들이 없고 제각기 독특한 디자인으로 그 위용을 뽐내고 있다. 한국의 건물들은 어떠한가? 최근 들어 한강의 야경이 아름답게 하나하나 변하고 있지만, 아직까지 세계적 도시들의 야경에 비해 너무 어둡거나 때로는 너무 밝아서 주위와 조화를 이루지 못하는 경우가 많다.

현대적 감각의 건축미와 중세 시대의 고풍스러움을 함께 느낄 수 있는 곳이 있다. 덴마크의 수도 코펜하겐이다. 이곳은 현대와 중세가 절묘하게 조화를 이루고 있다. 건축을 공부하는 사람이라면 누구나 한 번쯤 코펜하겐을 방문해 많은 것을 배운다고 한다. 과거와 현재가 모두 생명력을 갖고 살아 숨 쉬는 모습이 이색적이면서도 감탄스러운 곳이다.

정치인 마음가짐을 다잡아 주는 덴마크의 흉상

덴마크의 수도 코펜하겐에서 보았던 국회의사당 입구의 흉상들이 아직도 기억에 남아 있다.

첫 번째(사진 1)는 귀를 감싸고 있는 모습이다. 무릇 정치를 하는 사람은 '이통(耳痛)', 즉 국민들의 귀를 아프게 하지 말아야 한다는 뜻이라고 한다. 정치인들은 매일매

사진 1

일 아름답고 좋은 소식을 국민에
게 전할 수 있고 들을 수 있게 해야
한다.

사진 2

두 번째(사진 2)는 머리를 잡고 있
는 모습인데 '두통(頭痛)'을 의미한
다. 정치인은 국민들의 머리를 아
프게 해서는 안 된다는 뜻이다.

사진 3

세 번째(사진 3)는 '치통(齒痛)'
으로 고생하는 모습이다. 정치인
은 국민들의 먹을거리를 가지고 장
난을 쳐서는 안 된다는 뜻을 담고
있다.

사진 4

네 번째(사진 4)는 가슴이 아픈
모습을 보여 주는 것으로 '심통(心
痛)'을 뜻한다. 정치인은 국민들 마
음에 고통이 가도록 해서는 안 된
다는 것을 보여 준다.

덴마크 국회의원들은 항상 국회의사당 정문을 들어가기 전에 이 흉상들을 보면서 국민들에게 봉사해야겠다는 마음가짐을 갖게 된다고 한다. 그래서인지 국제투명성기구(TI)가 발표하는 2013년 부패인식지수(CPI) 순위에서 덴마크는 1위를 차지했다. 세계에서 가장 투명하고 깨끗한, 부패하지 않은 나라가 덴마크라는 뜻이나.

물의 모습을 닮아라

물은 끊임없이 흐른다. 물은 계곡에서 강으로, 바다로 쉼 없이 흘러간다. 물이 흐르는 모습을 바라보고 있으면 강력한 생명력을 느낄 수 있다. 그 생명을 다해 필요에 의해 쓰일 때까지 끊임없이 흘러간다. 물은 또한 계속 한 방향으로 흐른다. 흔들리지 않는 강력한 추진력을 보여 준다.

리더도 물 같아야 한다. 항상 흘러야 부패를 막을 수 있고, 한 방향으로 가면서 강력한 추진력을 갖출 수 있다. 노자도 "강한 인간이 되고 싶다면 물과 같아야 한다"고 말했다. 물은 또한 흩어져도 언젠가는 바다에서 다시 만나 하나가 된다. 각자의 역할은 달라도 조직의 비전을 하나로 공유할 필요가 있다.

높은 곳에서 낮은 곳으로 흐르는 물의 속성은 겸손도 가르쳐 준다. 벼가 익을수록 고개를 숙이듯이 실력과 인격을 겸비한 리더는 자신을 낮출 줄 알아야 한다. 리더는 물의 모습을 닮아야 한다.

서로 다른 물: 폭포 vs 분수

산에서 떨어지는 폭포의 모습에서 웅장함과 넘치는 생명력을 느낄 수 있다. 반면 분수는 아름다운 조화의 기를 전한다.

가히 세계적인 수준의 분수를 보려면 러시아 여름 궁전으로, 폭포수를 보려면 노르웨이로 가 보라. 로마의 트레비 분수도 있지만 질서와 조화로움이라는 측면에서 러시아 여름 궁전 분수가 뛰어나다.

또 북미 나이아가라 폭포, 남미 이구아수 폭포 등이 있지만, 자연 발생적으로 빙하가 녹아내려 산 계곡 곳곳을 타고 흐르는 노르웨이 폭포는 그야말로 장관을 연출한다. 노르웨이의 수도 오슬로에서 플롬을 거쳐 빙하 시대 협곡으로 유명한 피오르의 관문인 항구 도시 올레순드로 가는 곳곳에서 웅장한 폭포수와 아름다운 무지개를 볼 수 있을 것이다.

아래에서 위로 치솟는 분수와 위에서 아래로 떨어지는 폭포수는 여러 가지 측면에서 서로 다른 속성을 드러낸다. 서로 대비되는 속성을 다음 표에 정리해 봤다.

분수와 폭포수의 대비되는 속성

분수	폭포수
아래에서 위로	위에서 아래로
인공적	자연 발생적
부드러움	강함
고여 있는 물	흐르는 물
제각기 다른 형태의 모양	있는 그대로의 모습 연출
독창성	순수성
다양성	솔직함

다섯 가지 건강을 챙겨라

건강이 있는 곳에 자유가 있다. 리더가 큰 일을 하기 위해선 건강이 뒷받침되어야 한다. 깨끗하고 좋은 물은 건강한 삶을 유지하는 데 있어 가장 필수적인 요소다. 아울러 건강한 삶을 위해서는 다음의 다섯 가지를 잘 챙겨야 한다.

1) 정신적 건강: 긍정적 사고, 명상

2) 신체적 건강: 스포츠, 산책 등 육체적인 운동

3) 사회적 건강: 대인 관계, 도덕성, 질서 의식

4) 경제적 건강: 자족할 수 있는 최소한의 경제적 여유로움

5) 영적인 건강: 나보다는 남, 인류를 위하는 마음

스트레스는 '정신적, 육체적으로 안 좋은 자극에 의한 반응'을 말한다. 걱정과 스트레스는 없애는 것이 아니라 극복해야 하는 대상이다. 한마디로 리더는 스트레스를 잘 관리하고 조절할 줄 알아야 한다. 운동을 하고, 사랑을 하고, 늘 감사하는 마음으로 이웃 사랑을 실천한다면 모든 걱정과 근심은 사라질 것이다.

돈을 소중히 여겨야 하지만 돈의 노예가 되어선 안 된다. 돈의 진정한 주인이 되라는 뜻이다. 그러기 위해선 물욕을 버려야 한다. 투명한 물은 거울처럼 맑고 깨끗한 모습을 우리에게 보여 준다. 마음속의 물욕을 버리고 거울처럼 맑고 깨끗해질 수 있다면 우리의 모습은 투명하면서 순수해질 것이다.

'돈을 잘 버는 것은 기술, 돈을 잘 쓰는 것은 예술'이라고 한다. 통 큰 기부를 하는 워런 버핏이나 빌 게이츠 같은 인물은 어떤 측면에서 하늘이 해야 할 일을 인간이 대신 한다는 생각이 들게 한다. 그 정도로 그들의 '베풂의 리더십', '상생의 리더십'은 타의 추종을 불허한다. '하늘에서 낸 인물'이라고 해도 과언이 아니다.

생명력의 원리에서 우리는 세 가지에 대해 배웠다. 그것은 각각 작은 세 가지 원리로 새롭게 분류할 수 있다. '감(물)'에서 얻은 핵심 3가지 원리 외에 그 원리를 구성하는 작은 요소들은 스스로 만들어 보길 바란다.

1. 동기 부여의 힘

   : 추진력과 영향력, 지속성과 일관성, 인정과 칭찬

2. 물의 모습을 닮아라

   : 질서와 조화

3. 다섯 가지 건강을 챙겨라

   : 건강과 회복성

유연성

물은 고정된 모습이 없다. 둥근 쟁반에선 둥근 모양으로, 삼각형의 그릇에선 삼각형으로, 네모 모양의 그릇에선 네모 모양으로, 어떤 형태에도 쉽게 적응할 수 있는 유연성을 지니고 있다. 물이 그릇과 컵에 따라 여러 모양을 내듯이 리더는 다양한 사람을 포용하고 통합하면서 소통하고 조화를 이뤄야 한다.

리더에겐 경험도 중요하지만, 어떤 상황에 직면했을 때 유연하게 대처할 수 있는 능력이 더욱 중요하다. 우주보다 넓은 마음을 가진 둥글둥글한 사람이 되자. 물은 고정된 모습이 없듯이, 자신보다는 타인의 생각을 존중하면서 유연하게 대처해 나가는 것이 진정한 리더의 모습이다.

물이 우리에게 전하는 두 번째 원리는 모든 것을 받아들이면서 포용할 줄 알고 지혜롭게 대처할 수 있는 유연성이다. 필요에 따라 상상할 수 있고, 필요에 따라 마음을 불러올 수 있고, 필요에 따라

상황에 대처할 수 있는 능력이 바로 유연성이다. 유연한 사고에서
안정된 마음, 여유로운 행동이 나오게 된다.

포용의 리더십을 펼쳐라

물은 자연과 조화하면서 주위 환경에 순응하는 유연한 대처 능력을 지니고 있다. 넓은 바다와 같은 포용력, 자연에 순응하는 적응력, 모든 것을 받아들이고 적응해 가는 유연성이 리더에게 절실하다. 유연성은 공감할 수 있는 사고의 유연성, 마음의 유연성, 몸의 유연성을 뜻한다. 리더는 인간관계와 리더십, 소통(커뮤니케이션), 스트레스 관리 등 모든 면에서 유연한 사고와 행동을 갖고 대처할 필요가 있다.

사람이 살아가면서 지위나 경력, 나이도 중요하지만 그보다 더 중요한 것은 모든 것을 순리대로 받아들일 수 있는 유연한 마음 자세와 태도이다.

2009년 3월에 열렸던 WBC 야구 대회 대한민국과 일본의 결승전은 온 국민의 관심사였다. 가정에서, 학교에서, 직장에서 많은 사람들의 시선은 결승전에 모아졌다. 하지만 휴일이 아닌 평일에 열렸기 때문에 학생과 회사원들은 본업과 경기 시청 사이에서 갈

등해야 했다.

이날 대전 대성중학교의 조영숙 전 교장 선생님은 체육 교사로부터 4교시와 점심시간을 할애해서 각 교실에 있는 TV로 학생들이 WBC 야구 결승전을 시청할 수 있도록 해 달라는 요청을 받고 순간 고민에 빠졌다. 조 선생님은 평소 '인성은 기본이요, 실력에 초점을 맞추어 최고의 대성인이 되자'는 것을 모토로 삼는 엄격한 교육인이었다. '어제보다는 오늘 1m 더', '어제보다 오늘 10분 더', '어제보다 오늘 10% 더'를 주장하며 열정과 노력을 강조했다.

학생들이 수업에 집중하지 못하자 차라리 열심히 응원하는 것이 낫겠다 싶어 찾아온 체육 교사의 제안에 조 선생님은 순간의 망설임을 접고 선뜻 "그렇게 하자"고 답했다. "공부가 제대로 되겠어요? 할 때는 확실하게 해야죠"라고 말하는 조 선생님을 보고 체육 교사가 오히려 더 놀랐다고 한다. 이런 연유로 학생들은 WBC 결승전을 보며 응원할 수 있게 됐다. 학생들은 열광했고 학교 분위기 또한 좋아졌다.

조 선생님의 결정은 교장과 학생들의 성공적인 소통으로 이어졌다. 이날 경기 중간 쉬는 시간에 학생 회장이 교장 선생님을 찾아왔다. 평소 무표정했던 그 학생은 상기된 얼굴로 "교장 선생님, 야구 경기를 보게 해 주셔서 진심으로 감사드립니다"라고 인사했다. 조 선생님은 그동안의 교직 생활 중 가장 뜻깊고 감동적인 인사였다고 회상한다. 행복한 순간이자 하나의 커다란 보상이었다. 인사를 받은 조 선생님도 학생 회장에게 "이렇게 와서 인사를 할 생각을 하다니…. 너 정말 멋지다. 진짜 멋진 학생이다"하면서 칭찬하는 것을 잊지 않았다.

'소통의 리더십'이란 바로 이런 것이다. 살아 있는 공부다. 학생들에게 공부도 물론 중요하지만, 세계가 지켜보는 WBC 야구 대회 결승전을 통해 온 국민이 하나 되는 중요한 순간에 유연하게 대처한 판단력은 상대방을 이해하는 마음에서 나온 소통의 리더십이다. 학생들의 욕구를 파악하고 대처함으로써 서로의 신뢰를 강화한 이 사례는 인간관계에 있어 유연성이 얼마나 중요한 것인지를 알려 주는 좋은 일화다.

소통의 리더십에 중요한 역할을 하는 요소가 있다. 바로 감동이다. 상대방을 감동시키면 소통이 훨씬 수월해진다. 그러기 위해선 스스로가 먼저 감동을 느껴 봐야 한다. 감동을 받아 본 사람만이 또 다른 사람에게 감동을 전해 줄 수 있기 때문이다.

리더십의 최종 단계는 정신공부와 마음공부, 몸공부를 바탕으로 한 '사랑의 메시지'로 사람을 감동시킬 수 있는 '감동 커뮤니케이션'을 하는 것이다. 본인이 먼저 감동을 하게 되면 모든 사람을 움직일 수 있는 감동적인 말과 행동이 나오게 된다.

링컨 대통령의 '포용 리더십'

미국 제16대 대통령 에이브러햄 링컨은 자신과 다른 의견들을 수용하면서 소통하는 '포용의 리더십'을 발휘한 대표적인 인물로 꼽힌다. 링컨은 노예 해방이라는 확고한 신념을 가지고 공화당과 민주당 모두를 유연한 사고로 끌어안았기 때문에 법안 통과에 성공했고 그 업적은 오늘날까지도 높이 평가 받고 있다.

미국 퓰리처상 수상자인 도리스 컨스 굿윈(Doris Kearns Goodwin)의 저서 《Team of Rivals》는 링컨의 포용 리더십에 대해 저술하고 있다. 책에 따르면 링컨은 보수주의자로부터 극단적 진보주의자까지 모두를 아우르는 포용력을 지녔다. 자신의 정치적 라이벌이었던 슈어드를 국무장관으로, 자신에게 모욕적인 발언을 했던 에드윈 스탠턴을 국방장관에 임명하는 유연성에 바탕을 둔 포용력을 실천했다. 링컨이 암살되자 스탠턴은 이렇게 말한다.

"지금 이 자리에 세상에서 사람들의 마음을 가장 잘 움직였던 사람이 누워 있다."

리더의 지적 역량이 아무리 뛰어나더라도 이를 올바르게 사용할 수 있는 유
연성과 포용력이 없다면 '위대한' 리더가 되기 어렵다.

악기와 유머를 즐겨라

　리더는 상황에 따라 강하게, 때론 부드럽게 조직원을 리드해 나갈 필요가 있다. 폭포수처럼 강하게, 또는 분수처럼 부드럽게 말이다. 특히 겉으론 부드럽게 보이지만 마음은 꿋꿋하면서 굳세게 행동할 수 있는 '외유내강(外柔內剛)'의 리더십이 필요하다.

　여기서 잠시 여론 조사 결과를 살펴보자. 여자는 어떤 남자를 좋아할까? 1위는 악기를 잘 다루는 남자였다. 2위는 선물을 잘하는 남자, 3위는 스킨십을 잘하는 남자, 4위는 여자를 잘 보호하는 남자, 5위는 유머 감각이 있는 남자 등이었다.

　리더도 이 여론 조사를 참고할 필요가 있다. 원활한 소통을 위해 조직원들이 무엇을 좋아하는지 알아 두면 좋다. 위 여론 조사에서 알 수 있듯이 악기를 잘 다루거나 노래를 잘하거나 춤을 잘 춘다면 다른 사람들과의 관계 형성에 도움이 될 수 있다.

　'카네기 최고경영자 코스'를 수료한 의사 중 악기를 다룰 줄 아는 사람이 있었다. 졸업 여행에서 한 내과 의사 수료생이 들려준 색소폰 연주는 전체 분위기를 아주 즐겁고 유쾌하게 만들었다. 옛 추억을 떠올릴 정도의 아름다운 무대였다. 의사 업무에서 오는 피로감과 스트레스를 악기라는 훌륭한 도구로 풀어내고 타인에게 즐거움을 선사하는 모습이 정말 보기 좋았다.

유머 감각이 뛰어난 사람은 인기가 많다. 유머는 상대방을 기쁘게 하기 때문이다. 영국 소설가 키플링은 "유머는 인류가 사용하는 가장 효력 있는 약이다"라고 말했다. 아침에 집을 나서 직장이나 학교를 향할 때 뭔가 즐거움을 기대하는 사람들이 많다. 이런 사람들에게 유머를 전해 준다는 것은 위대한 선물을 주는 것과 같다.

유머는 여유와 안정감, 부드러움, 유연함 속에서 나온다. 평소의 사고방식과 표현방식에 여유로움이 있어야 자연스러운 유머가 나온다. 국문학자이자 시인이었던 양주동 박사는 평소 곤란한 상황에서도 당황하지 않고 유머로 대처하기로 유명했다. 양 박사의 삶은 풍부한 인생 경험과 독서, 그리고 자신이 즐겨 마시던 녹차를 통한 여유에서 나온 자연스러운 유머라고 할 수 있다.

유연성에 좋은 댄스와 요가

몸의 유연성을 기르기 위한 방법으로 댄스와 요가가 있다. 대학생 시절 포크 댄스 과목에 참가해 여대생들과 즐겁게 댄스를 배웠던 적이 있다. 그때의 경험은 사람에 대한 두려움을 없애 주고, 몸의 균형과 유연성을 기르는 데 큰 효과를 줬다.

유연성을 기르고 싶은데 마땅한 방법을 찾지 못했다면 댄스와 요가를 추천하고 싶다. 즐거운 음악과 함께 하는 댄스, 부드러운 가운데 강한 기를 느낄 수 있는 요가를 제대로 한다면 건강과 더불어 유연한 몸과 마음을 지닐 수 있게 될 것이다.

순발력을 길러라

물은 위기 대처 능력이 뛰어나다. 한참을 흐르다가 바위나 큰 물체 등 장애물을 만나면 돌아갈 줄 안다. 인간에게 물이 가진 것 같은 판단력과 직관력이 있다면 위기 상황에서 문제를 해결하는 데 큰 도움이 될 것이다.

인간은 몸 훈련을 통해 직관을 경험할 수 있다.《제7의 감각-전략적 직관》을 저술한 윌리엄 더건은 "전략적 직관이란 오랜 시간 고민하고 있던 문제를 한순간에 해결해 줄 수 있는 통찰력을 말한다"고 주장했다. 이런 직관을 통해 리더는 유연한 창조적 전략, 상황에 대한 판단 능력을 갖게 된다.

몸의 미세한 움직임을 통해 상대방을 알 수 있고, 내 몸의 느낌을 통해 현재의 나를 알 수 있다. 우리 몸은 감정 상태 그대로 움직이게 된다. 그 감정을 조절하는 것이 바로 마음공부, 몸공부다. 가장 좋은 방법은 지금 이 순간을 느끼는 것이다. 존재하면서 흐르면 된다. 그러면 주의력, 집중력이 저절로 생겨나고 판단력도 덩달아 좋아진다.

현대그룹 창업자인 고 정주영 회장은 '순간 대처 능력'이 뛰어난
리더였다. 1971년 울산에 조선소 건립을 추진 중이었던 정 회장은
자금을 유치하기 위해 영국으로 갔다. 영국 투자자는 '가난한 나
라' 한국에서 온 정 회장을 못 미더워했다. 그러자 정 회장은 한국
돈 500원짜리 지폐를 펼쳐 보였다. 당시 500원권에는 거북선이 그
려져 있었다. 그는 영국보다 300년 앞선 조선의 선박 제조 역사를
언급하면서 그의 마음을 사로잡아 자금을 유치하는 데 성공한다.
그렇게 빌린 자금으로 시작된 것이 바로 세계적인 조선사 현대중
공업이다.

언젠가 유명한 오케스트라 지휘자를 만나 평소 연주하는 분들
에 대해 궁금했던 점을 물어본 적이 있다.

"음악을 연주하는 사람들은 각자의 개성이 특별하기 때문에 개
개인을 리드해서 아름다운 하모니를 만들어 낸다는 것이 쉽지 않
을 것 같은데 어떻게 해서 가능합니까?"
"네, 물론 어려운 일입니다. 저는 단원들이 악기를 연주하다 혹
실수를 하게 되면 절대로 여러 사람들이 보는 앞에서 잘못을 지적

하지 않습니다. 다만 연주회가 끝난 후 개인적으로 불러 '오늘 선생님이 준비한 악기에 문제가 있었나 봅니다' 하면서 간접적인 방법으로 스스로 잘못을 깨닫게 합니다. 잘했을 때는 공개적인 칭찬을 아끼지 않죠. 이렇게 단원들을 이끌어야 아름다운 하모니가 나오는 것 같습니다."

리더는 위기를 극복할 줄 알아야 한다. 평소 사업에 필요한 역량을 잘 가다듬고, 위기 순간이 왔을 때 어떻게 대처할지도 미리 생각해 둘 필요가 있다. 그리고 진짜 위기 순간이 오면 직관과 통찰력을 활용해 유연하고 신속하게 대처해야 한다.

세계적인 리더십 커뮤니케이션 프로그램인 '데일 카네기 코스(Dale Carnegie Course)'에는 문제 해결을 위한 4가지 질문을 다음과 같이 알려 준다.

1) 문제가 무엇인가?
   (What is the problem?)
2) 문제의 원인은 무엇인가?
   (What are the causes?)
3) 가능한 해결책은 무엇인가?

(What are the possible solutions?)

4) 최선의 해결책은 무엇인가?

(What is the best possible solution?)

이렇게 4가지 질문에 차례대로 대답을 해 가면 해결책을 구할 수 있다. 문제는 우리의 성공 스토리를 빛내 주는 훌륭한 소재이다. 사람의 인격은 문제를 해결하기 전과 해결한 후에 확연히 차이가 난다. 이 세상 모든 성공 스토리 또한 문제를 기회로 만든 사람들에 의해 빛나고 있다. 문제는 우리들을 앞으로 나아가게 한다. 문제 해결을 위해 각 질문에 대답하는 방법은 다음과 같다.

첫 번째, '문제가 무엇인가?'라는 질문은 문제 설정에 대한 것이다. 문제 설정은 부정적이 아닌 '어떻게 하면 ~ 상황에서 ~ 할 수 있을까?'라는 긍정적 측면으로 접근한다. 예를 들면, '소통이 잘 안되고 있다'가 아니라 '어떻게 하면 부서원들 간에 소통이 잘 이루어질까?'라고 하는 것이다.

두 번째, '문제의 원인은 무엇인가?'라는 질문은 현재 상황에서 문제의 근거가 무엇인지 파악하는 것이다. 여기서는 원인 파악뿐만 아니라 이를 해결할 경우 나에게 주어지는 새로운 기회가 무엇인지 모색해 볼 수도 있다.

세 번째, '가능한 해결책은 무엇인가?'라는 질문은 실행 가능하면서 모두가 공감할 수 있는 해결책을 묻는 것이다. 특히 다른 사람들과 공감할 수 있는지를 스스로 자문해 볼 필요가 있다.

네 번째, '최선의 해결책은 무엇인가?'라는 질문은 가치, 사명과 연관된다. 최선의 해결책이 정해지면 가치와 사명을 바탕으로 한 줄의 짧은 글로 표현해 본다.

무엇인가를 결정하려는 순간 구성원들은 리더를 주목한다. 리더의 역할 가운데 가장 어려운 것 중 하나가 의사 결정이다. 리더는 새로운 방향을 제시하고, 최종적인 결정을 내리는 사람이다. 그렇기 때문에 리더에게 올바른 길을 선택하는 능력은 절대적으로 필요하다. 지속적인 학습과 반복적인 연습을 통한 자기 계발과 자질 향상이 문제 해결을 위한 의사 결정을 내리는 데 도움을 줄 수 있다.

합리적 의사 결정을 위한 단계별 진행은 다음과 같다.

1단계: 문제 파악

2단계: 정보 수집

3단계: 기준 정하기

- 절대적 요소: 반드시 충족되어야 하며 항상 최우선 순위. 타협이 불가능
  하다.

- 바람직한 요소: 모두가 수용할 수 있는 기준. 핵심 요인은 아니지만 있으
  면 좋은 요소. 가중치를 부여한 우선순위를 정할 수 있다.

4단계: 타협안(대안) 제시

5단계: 선택하기

노키아는 왜 위기를 피하지 못했을까?

세계 시장 점유율 1위였던 노키아는 왜 위기에 직면했을까? 한때 노키아는
전 세계 휴대폰 시장을 장악했다. 삼성과 애플을 한참 뒤로 밀어낸 채 말이다.
노키아에서 2003년 출시된 모델은 2억 5,000만 대라는 경이적인 판매 기록
을 세운 바 있다. 이 기록은 애플의 아이폰 4S 모델 전체 판매량의 약 7배에
달하는 놀라운 수치다.

스마트폰이 대세를 이루는 현재의 휴대 전화 시장에서 노키아의 점유율은 미미하다. 블룸버그(Bloomberg)에 따르면 2013년 2분기 스마트폰 시장에서 노키아의 점유율은 3.14%에 그쳤다. 삼성은 31.7%, 애플은 13.2%에 비해 한참 떨어진다. 과거에 비히면 '몰락'이라는 표현이 어색하지 않은 수준이다.

노키아는 왜 이 같은 상황을 맞게 되었을까? 2001년부터 9년간 노키아 OS인 심비안(Symbian)의 UI 디자인을 담당했던 주하니 리스쿠(Juhani Risku)는 한 매체와의 인터뷰에서 "심비안을 개선하기 위한 500가지 아이디어를 제안했지만 그 어떤 것도 채택되지 못했다"고 말했다. 그는 노키아의 디자인 승인 과정을 소련식 관료 정치에 비유하면서 "경쟁사보다 더 견디기 힘들었던 것은 노키아 내부의 견고한 관료 조직이었다"고 지적했다. 이처럼 유연하지 못한 조직적 한계 때문에 노키아는 터치스크린, 소프트웨어 애플리케이션, 3D 인터페이스 등에서 주도적인 위치를 잃고 말았다. 유연한 사고에 의한 대처 능력 부족이 불행한 결과를 초래하고 말았다.

Summary & Assignment

유연성의 원리에서 우리는 세 가지에 대해 배웠다. 그것은 각각 작은 세 가지 원리로 새롭게 분류할 수 있다. '감(물)'에서 얻은 핵심 3가지 원리 외에 그 원리를 구성하는 작은 요소들은 스스로 만들어 보길 바란다.

1. 포용의 리더십을 펼쳐라

  : 친화력과 포용력(적응력)

2. 악기와 유머를 즐겨라

  : 부드러움과 강함(외유내강)

3. 순발력을 길러라

  : 판단력(직관)과 위기 대처 능력

태극원리 09

투명성

"근본이 흐려 있으면 그 끝인 흐름은 맑을 수가 없다. 행동하는 근본에 신의가 없으면 반드시 망한다."

- 묵자

우리 사회나 국가 모두가 투명해져 서로 믿고 의지할 수 있는 정직한 사회, 누구에게나 공평한 사회가 될 수 있다면 대한민국은 세계의 리더로 발돋움할 수 있을 것이다. 기관, 기업, 단체 등이 모든 면에서 투명성과 자율성을 보장하고 스스로가 정화하면서 올바른 대안을 제시할 수 있다면 그 얼마나 투명하고 바른 사회가 되겠는가?

물이 우리에게 전하는 세 번째 원리는 투명성이다. 물의 투명성이라 함은 지구 상의 모든 오염된 물질을 깨끗하게 정화하듯이 스스로가 솔직하고 꾸밈없이 도덕적인 가치관에 따라 행동하는 것으로 순수함, 고요함, 깨끗함, 청렴함을 상징한다. 물이 맑고 깨끗하면 우리 마음도 맑아진다. 투명하게 행동해야 신뢰가 형성된다.

고요하고 맑은 상태에서 행동하는 리더의 겸손은 '윤리적 리더십'의 핵심이다. 도덕성은 인간의 삶에서 경쟁력이 될 수 있다. 물을 통해 그것을 배울 수 있다.

리더는 거울에 비치듯 자신을 드러낼 수 있는 솔직함과 꾸밈없는 태도를 지녀야 한다. 투명성은 팀원들과 친밀감을 형성할 수 있는 가장 중요한 리더의 자질 중 하나이기도 하다. 투명성을 기르기 위해선 무엇이 필요할까? '척'하지 말고 본인답게 행동하는 것이다. 겉과 속이 다른 말과 행동을 할 수도 있다. 하지만 거짓말의 효과는 잠시뿐이고 오래가지 않는다. 리더는 척하지 말고 '리더답게' 행동해야 한다.

자신이 잘못한 일에 대해 사과하고 인정할 수 있는 리더는 과연 몇 명이나 될까? 한 연구 결과에 따르면 불행히도 3%의 리더만이 자신의 잘못을 과감하게 시인하고 용서를 구한다고 한다. 투명한 삶을 살기 위해서는 용기를 내 자신의 잘못을 인정할 수 있어야 하고 그 타이밍을 놓쳐서는 안 된다. 잘못을 인정하는 것은 때가 있다. 그 시간을 놓쳐 버리면 기회를 다시 얻기 어렵다.

호찌민의 '3꿍 정신'

"사람의 얼굴은 하나의 풍경이요, 한 권의 책이다. 얼굴은 결코 거짓말을 하지 않는다."

- 발자크

바다처럼 넓고 깊은 생각으로, 늘 푸른 색깔을 가지고 행동한다면 누구나 그 사람을 존경하고 따를 것이다. 사람의 얼굴은 거짓말을 하지 않는다. 얼굴에서 '얼'은 그 사람의 정신, 사고, 사상, 이념을 나타내고 '굴'은 얼의 모양이자 형태다. 사람이 투명하지 못하고 도덕적인 가치를 상실한다면 그것은 바로 그의 얼굴을 통해 나타나게 된다.

2006년 베트남으로 가는 비행기에 몸을 실었다. 이유는 세계 지도 때문이었다. 어느 날 새로 나온 세계 지도를 사서 보는데 베트남에서 사이공이라는 지명을 찾을 수 없었다. 1975년 필자가 초등학생이었을 때, 사이공이 함락되면서 월남이 패망했다는 소식을 들은 기억이 지금도 생생하다. 그 역사적인 도시 사이공이 지도에서 사라졌기에 어떤 연유인가 싶어 무작정 티켓을 끊어 베트남행 비행기에 몸을 실었던 것이다. 공항에 내리자마자 베트남 사람들에게 질문을 던졌다.

"사이공이라는 도시가 어디인가요?"
"이곳 호찌민 시티가 바로 사이공입니다."

사이공이라는 도시는 베트남 지도자인 '호찌민'의 이름을 따서 '호찌민'으로 변경되어 있었다. 이때부터 호찌민에 대한 관심이 깊어지기 시작했다. 베트남 북부에서 중부, 그리고 남부까지 여행하면서 현지 문화를 이해하고, 만나는 사람마다 호찌민에 대해 질문했다.

"호찌민에 대해 어떻게 생각하십니까?"

대부분의 사람들은 베트남 민주 공화국 초대 대통령을 지낸 호찌민(Ho Chi Minh)을 '박 호(Bac Ho)'라고 불렀다. 이 말은 베트남어로 '호 아저씨'를 의미한다. 베트남의 국민 영웅이자 국부가 국민들로부터 '호 아저씨'라는 친근한 이름으로 불리고 있었던 것이다.

호찌민은 7개 국어를 하면서 외국 생활을 통해 서양 문물을 접했고, 국가를 위한 애국심에 청렴, 청빈한 생활을 스스로 실천한 인물이다. 그는 평생을 '1식 3찬(한 끼에 반찬 세 가지)'과 세 벌 이상의 옷을 갖지 않는 검소한 생활과 낮은 자세로 살았다. "나는 베트남과 결혼했다"고 할 정도로 조국을 사랑했다. 아쉽게도 통일을 보지 못하고 1969년 9월 2일 숨을 거두었다. 그때 유품으로 생소 읽던 책과 두 벌의 옷, 지팡이 하나, 기워 신은 양말, 버려진 타이어를 잘라 만든 신발, 낡은 모자를 남겼다고 한다. 근검절약의 모범을 보인 지도자였던 그는 지금도 '호 아저씨'라는 이름으로 불린다.

하노이에 있는 베트남 주석궁은 1906년에 프랑스 총독 관저로 지어진 건물이다. 베트남이 프랑스로부터 독립했을 때 일부 국민들이 허물어 버리자고 하자 호찌민은 이렇게 말했다.

"우리 베트남의 흙과 돌을 가지고 우리 인민들이 피와 땀을 흘려 가며 지은 건물인데 왜 일부러 허물어 버립니까? 앞으로도 이 건물을 보며 프랑스 식민 시절의 아픔을 되새기면서 살아갑시다."

호찌민의 리더십에 관한 유명한 일화가 있다. 1960년대 미국과의 전쟁이 한창일 때 호찌민은 베트남 학생 15만여 명을 외국에 유학 보내기로 결정한다. 학생들이 "우리들도 총 들고 싸우겠다"

고 말하자 그는 "너희들은 공부하는 것이 바로 전투다. 너희들은 결코 학업을 마치기 전까지 조국에 돌아와서는 안 된다. 너희들의 사명은 통일이 된 후 폐허가 된 베트남을 가장 아름다운 나라로 재건하는 일이다"라고 말했다.

한 명의 병사가 아쉬운 상황이었지만 미래의 국가 비전을 위해 15만여 명에 이르는 학생을 외국으로 보냈다. 그리고 그때 뿌린 씨앗이 무럭무럭 자라 지금 베트남 경제 발전의 결과로 나타나고 있다.

일부 한국인들은 호찌민이 생전에 다산(茶山) 정약용 선생이 쓴 《목민심서》를 항상 옆에 지녔고, 숨을 거두었을 때 유품 중에 《목민심서》가 함께 놓여 있었다고 전한다. 이를 확인하고 싶어 호찌민 집무실과 박물관을 찾았지만 《목민심서》와 관련된 그 어떤 자료도 존재하지 않았다. 한국 기업들이 베트남에 진출하면서 이에 관한 화제가 자연스럽게 회자됐지만 정확한 사실을 아는 베트남인들이 없다는 사실에 당황한 한국인들이 많았을 것이다.

2006년 박석무 단국대 이사장 겸 다산연구소 이사장을 비롯한 한국 방문단이 베트남 수도 하노이에 위치한 호찌민 박물관에서 만난 응웬 티 띵 관장은 "호찌민 박물관에는 고인과 관련된 유품 12만 점이 소장되어 있지만 《목민심서》가 유품 목록에 포함돼 있다는 얘기는 처음 듣는다"며 소장 사실을 부인했다고 한다. 호찌민은 베트남의 독립운동을 하면서 국내외의 수많은 책들을 읽은 뒤 그 가운데 좋은 내용들은 국가를 운영하는 데 사용한 것으로 알려지고 있다. 응웬 티 띵 관장과의 인터뷰를 통해 한국 방문단은 "호찌민 전 주석이 평소 한문에 조예가 깊고 독립운동 당시 중국에서 체류한 사실로 미루어 볼 때 《목민심서》를 읽었을 가능성을 배제할 수 없다"고 조심스러운 결론을 내렸다. 이런 사실로 미루어 봤을 때 호찌민이 생전에 《목민심서》를 침대 한편에 두고 읽었다거나 공무원들에게 권장했다는 사실은 와전된 것으로 보인다.

호찌민이 《목민심서》를 따랐는지는 정확히 알 수 없지만 그는 《목민심서》의 사상을 실천하며 살았다. 《목민심서》에는 다음의 구절들이 있다.

"자신(自身)의 자세(姿勢)가 바르면 명령(命令)을 내리지 않아도 행해지고, 자신의 자세가 바르지 못하면 아무리 명령을 해도 따르지 않는다."

"백성을 사랑하는 근본은 재물을 절약해 쓰는 데 있고 절용(節用)하는 근본은 검소한 데 있다. 검소해야 청렴할 수 있고 청렴해야 백성을 사랑할 수 있기 때문이다. 그러므로 검소하게 하는 것은 목민관이 된 자가 가장 먼저 힘써야 할 일이다."

《목민심서》에 나오는 이러한 구절들을 그대로 실천한 사람이 바로 호찌민이다. 이는 호찌민이 강조한 '3꿍 정신'으로 이어진다. '3꿍'이란 '꿍아(함께 산다)', '꿍안(함께 먹는다)', '꿍담(함께 일한다)' 이렇게 3가지를 뜻한다. 호찌민은 이 '3꿍 정신'을 항상 마음에 새기고 베트남 국민들과 동고동락하려고 힘썼다.

"종이라고 하는 것은 치면 소리가 난다. 쳐도 소리가 나지 않는 것은 세상에서 버린 종이다. 또 거울이란 비추면 그림자가 나타난다. 비추어도 그림자가 나타나지 않는 것은 세상에서 내다 버린 거울이다. 보통 사람이란 사랑하면 따라온다. 사랑해도 따라오지 않는 사람은 또한 세상에서 버린 사람이다."

- 만해 한용운

외면과 내면을 일치시켜라

물속에 비친 자신의 얼굴을 보라. 본인의 삶은 외면과 내면이 일치하고 있는가?

영화 〈로마의 휴일〉 주인공인 오드리 헵번은 세상에서 가장 아름다운 배우로 손꼽힌다. 그녀는 외모뿐만 아니라 마음씨도 아름다운 배우였다. 특히 은퇴 후 아프리카 아동들을 위해 봉사 활동을 하는 모습은 전 세계 사람들에게 잔잔한 감동을 주었다. 영화 〈사브리나〉의 빌리 와일더 감독은 그녀에 대해 이렇게 말했다.

"그녀의 아름다움은 내면에서 비롯된 것이다. 그 아름다움은 그녀를 둘러싼 주변 사람들에게도 빛을 발했다."

외면과 내면이 일치하는 삶, 무대에서의 모습도 아름다웠지만 현실 속에서는 더욱 아름다웠던 삶의 주인공이 그녀였다.

무대와 현실이 일치하는 삶, 아무도 보지 않는 곳에서도 평소와 똑같은 말과 행동이 나와야 한다. 인간 본연의 모습이다. 이 순간에도 하늘과 땅은 우리의 모습과 행동을 지켜보고 있다. 가식과 거짓, 가면을 벗어던져 버리고 외면과 내면이 일치하는 모습으로 인생을 살아야 한다. 참되게 삶을 살아가는 사람은 언젠가 그 아름다운 모습이 투명하게 나타나 세상 사람들의 귀감이 될 수 있다. 보여지는 삶이 아니라, 스스로 행동하는 삶이어야 한다. 이것이 참모습이요, 참다운 리더의 행동이다.

물처럼 맑고 깨끗하며 투명하게 자신을 되돌아보면서 자기관리를 하도록 하자. 옆에 거울이 있다면 거울에 비친 본인을 보면서 자신과 대화를 해 보라. 이미지는 누가 만들어 주는 것이 아니라 자신이 만들어 가는 것이다.

하버드대 심리학자였던 윌리엄 제임스 박사는 "신은 인간의 죄를 용서하지만, 신경계통은 용서하지 않는다"고 했다. 밝고 정직한 마음을 갖게 되면 얼굴도 빛나지만, 찡그리고 짜증을 내게 되면 얼굴 또한 그렇게 바뀔 수밖에 없다. 그 얼굴은 스스로가 만든 것이기에 하늘도 어쩔 수 없다는 뜻이다.

솔직하고 꾸밈없는 정신과 마음, 건강한 몸으로 세상을 사는 것이 중요하다. 하지만 타인의 허물은 감싸주어야 한다. 리더가 가져야 하는 중요한 센스이다. "결혼 전에는 눈을 크게 뜨고, 결혼 후에는 반쯤 감아라"라는 말이 있다. 타인에 대해서 올바르게 알아야

캐나다 밴쿠버 스탠리 공원(Stanley Park)의 벤치

겠지만, 살면서 그의 단점과 허물이 보이면 즉각적으로 지적할 것이 아니라 슬기롭게 간접적인 방법으로 알려주어 마음속에 상처를 받게 해선 안 된다는 말이다.

반면 본인 자신에게는 엄격하게 대하고 스스로를 돌아볼 줄 알아야 한다. 타인에게 관대하고 스스로에게는 엄격하게 대하라. 있는 그대로의 자기 모습을 보여주면서 솔직하고 꾸밈없이 자연스럽게 행동한다면 팀원들은 리더를 따르게 될 것이다.

사람은 처음 시작도 중요하지만 끝은 더 아름다워야 한다.

캐나다를 여행하면서 인생 마지막에 대한 준비를 어떻게 할 것인가를 생각한 적이 있었다. 캐나다 공원 벤치에는 일반인들의 이름이 많이 붙어 있다. 친구나 가족이 타계했을 때 지인들이 공원

측에 일정 비용을 지불하고 고인 명의의 벤치를 만들기 때문이다. 지인들은 고인의 생일이나 크리스마스 등에 이 벤치를 찾아와 그리움을 달래며 꽃다발을 놓고 간다고 한다.

사람들은 나에 대해 어떻게 말할까? 중국에는 다음과 같은 말이 있다. "어떤 사람은 살아 있지만 죽은 사람과 별반 다르지 않고, 어떤 사람은 죽었지만 아직 살아 있다."

내가 만약 갑자기 세상을 떠난다면 슬퍼해 줄 사람이 몇 명이나 있을까? 지금이라도 늦지 않았다. 가장 가까이에 있는 소중한 사람부터 관심을 갖고 안부 인사를 전하라. 그리고 사랑의 향기를 전하라. 그들은 당신 곁에 머물면서 함께 기뻐하고 함께 슬퍼할 것이다.

깨끗이 정화하라

예로부터 한민족은 정화수를 떠 놓고 하늘에 기도를 했다. 정성껏 기도한 뒤에 마시는 정화수는 더러운 것을 깨끗하게 청소하는 역할도 했다. 때론 자의든 타의든 환경적 요인이나 순간적인 유혹에 빠져 잡다한 불순물을 내 몸으로 끌어들이는 경우가 있다. 명예나 재물에서 오는 불순물에 의해 인간은 오염된다. 내 몸의 때를 정화시킬 수 있는 능력이 필요하다. 경제력은 우리가 살아가는 데 필수적인 요소이긴 하지만 지나친 물욕은 화를 부른다. 순수한 땀과 노력에 의한 재물만이 가치 있는 것이다.

'반칙 인생'은 때로는 남보다 앞서가는 것 같지만 언젠가는 스스로에게 깊은 상처를 입힌다. 진실한 마음과 행동으로 올바른 규칙과 질서에 입각해서 행동하라. 남을 속이는 마음과 반칙으로 사는 사람의 인생을 하늘은 인정하지 않는다.

호수에 돌멩이를 던지면 물결이 일렁이다가 이내 잠잠해진다. 물이 잠잠해지는 모습을 가만히 바라보고 있으면 나의 몸과 마음도 이내 고요해지며 맑고 깨끗해지는 것을 느낄 수 있다. 마음이 고요하고 몸이 정화되면 인간 본래의 모습, 투명하고 선한 본 모습을 볼 수 있게 된다.

하루에 세 번 마음공부, 몸공부 실천하기

정신은 맑게!

마음은 고요하게!

몸은 유연하게!

» 이 상태에서 명상이나 암시를 한다.

오전에 21회 긍정적 암시하기

오후에 21회 긍정적 암시하기

저녁에 21회 긍정적 암시하기

Summary & Assignment

투명성의 원리에서 우리는 세 가지에 대해 배웠다. 그것은 각각 작은 세 가지 원리로 새롭게 분류할 수 있다. '감(물)'에서 얻은 핵심 3가지 원리 외에 그 원리를 구성하는 작은 요소늘은 스스로 민들어 보길 바란다.

1. 호찌민의 '3꿍 정신'

  : 청렴성과 도덕성(윤리)

2. 외면과 내면을 일치시켜라

  : 외면과 내면이 일치하는 삶(자기 관리)

3. 깨끗이 정화하라

  : 정화(淨化)와 재생(再生)

지금까지 제3의 원소인 물이 우리에게 주는 원리인 생명력, 유연성, 투명성에 대해 살펴봤다. 물은 지구에 살고 있는 모든 생명체에게 꼭 필요한 요소이다.

물의 첫 번째 속성인 생명력을 살펴보면서 우리는 생명의 소중함과 동기 부여의 중요성을 배웠다. 활기찬 생명력이 없는 조직은 성과라는 달콤한 결과를 얻을 수 없다.

두 번째 속성인 물의 유연성을 통해 우리는 리더의 필수 조건인 포용하면서 소통하는 능력에 대해서 배웠다. 어떠한 일에도 흔들리지 않고 유연하게 대처해 나가는 지혜로움이 필요하다.

세 번째 속성인 투명성에서 우리는 부정부패 없는 깨끗한 사회의 당위성을 배웠다. 투명한 윤리의식과 정직함을 갖춘 리더는 조직원들에게 귀감이 되고 존경을 받는다.

생명력, 유연성, 투명성을 갖춘 리더가 되어야 변화무쌍한 현대 사회에서 자신의 조직을 올바르게 이끌어 갈 것이다.

소통 역량

☰☲

[리離]

조화造化 공부

불 / 離 / 火

불의 원리 = 역동성, 표현력, 인류애

리(離☲)괘를 한지에 수놓은 에바(Eva)의 작품 '파이어(Fire)'

"만물의 근원은 불이다" - 헤라클레이토스

빛과 열을 내는 에너지원인 불(火)의 발견은 인류의 진화와 발전을 촉진시킨 계기가 되었다. 불과 함께 인간은 추위를 이겨 낼 수 있었고, 음식을 익혀 먹고, 생활에 유용한 다양한 도구들을 만들어 낼 수 있었다. 물이 생명의 근원이라면, 불은 문명의 근원이었던 것이다.

이런 불을 통해 우리는 열정적인 힘으로 대변되는 역동성, 밤하늘을 밝히는 아름답고 다양한 불꽃 같은 표현력, 어둠에서 빛을 밝히는 촛불 같은 사랑과 희생, 봉사의 인류애를 배울 수 있다.

즉, 불(火)이 우리에게 전하는 리더십 커뮤니케이션의 원리는 역동성(열정), 표현력(커뮤니케이션 능력), 인류애(사랑과 봉사) 등 소통 역량이라고 할 수 있다.

불의 원리 = 역동성, 표현력, 인류애

역동성

불이 우리에게 전하는 리더십의 첫 번째 원리는 역동성(力動性)이다. 여기에서 역동성이란 끊임없이 비전과 목표를 향해 매진하는 열정이라는 추진 에너지를 말한다.

특히 불은 양면성을 지닌 '양날의 검'이라고도 말한다. 모든 것을 태워 버릴 수도 있는 파괴의 속성 또한 갖고 있기 때문이다. 따라서 불은 이성을 지킨 채 자신의 의지를 연소시켜야 하는데, 이것이 바로 불의 리더십이다.

불은 여기에 또 다른 특성을 갖고 있는데, 바로 자신이 갖고 있는 열정을 주변에 전파시키는 힘이다. 하나의 촛불에 불이 붙여지면, 금세 다른 촛불에 불이 옮겨 붙어 두 개, 세 개, 열 개, 천 개, 그 이상의 촛불이 함께 타오르게 된다. 즉, 불은 열정이란 에너지를 원료로 역동성을 표현하되, 혼자만이 아닌 주변을 함께 변화시키는 능동적인 특성을 지닌다.

한민족의 혼과 열정

"나는 삶 자체를 즐긴다. 삶은 내게 잠깐 타다가 꺼지는 촛불이 아니다. 삶은 내가 들고 있다가 다음 세대에 활활 타오르는 채로 전해주어야 하는 눈부신 횃불이다."

- 버나드 쇼

영화 〈취화선〉에 불의 역동성을 언급하는 아주 인상 깊은 대사가 나온다.

"선생님 같은 화공은 그림이 잘 나오기를 바라겠고, 유약을 바른 자는 유약이 잘 흘러나오기를 바라겠고, 가마 주인은 몇 작품이라도 건지기를 바라겠지요. 하지만 그것이 어디 우리 도공들의 뜻대로 되겠습니까? 다 불이 하는 거지요."

불의 역동성에 대해 말하고 있다. 불 없이 인류의 발전을 말할 수 없듯이 열정이 없다면 성공적인 삶에 대해 말할 수 없을 것이다.

도자기는 공기, 흙, 물, 불의 4가지 원소에 사랑이라는 제5의 원소가 더해져 탄생한 아름다운 예술품이다.

임진왜란과 정유재란을 통해 많은 조선의 도공들이 일본으로 가게 되면서 일본의 도자기는 세계적으로 알려지게 된다. 일본 사가현 서부에 위치한 조용한 산간 마을 아리타(有田)에 '도자기의 신'으로 추앙 받는 한국인 이참평(李參平)을 위한 비석이 있다. 비석에는 다음과 같은 글귀가 새겨져 있다.

眼底家如櫛 눈 아래 집들이 즐비하게 보이고
窯煙起脚間 도자기 굽는 연기가 발 아래서 올라온다.
松風自落事 솔바람이 그것을 떨어뜨리듯이
李祖鎭陶山 이참평 도조가 도산을 평정했다.

아리타는 길이 4km 정도의 산골짜기에 자리 잡고 있고 인구 1만 5,000여 명이 살고 있는 조그마한 마을이지만 도자기를 굽는 가마는 100여 개가 넘는다. 이곳에는 매년 4월 29일부터 5월 5일까지 도자기 시장이 열리는데 전 세계인들이 모여드는 관광지로 유명하다.

일본 도예 문화의 뿌리는 이참평을 비롯한 수많은 조선 도공들로 인해 시작되었다. 조선에서는 천대 받던 도공들이 포로로 끌려간 적국에서는 귀족의 대우를 받으면서 도자기를 굽는 데 몰두할 수 있었기 때문에 우리보다 한참이나 뒤쳐졌던 일본의 도자기 문화는 급속히 발전했다. 유럽에서 소위 명품이라 말하는 '웨지우드(Wedgwood)' 같은 도자기는 일본 아리타 도자기의 영향을 가장 많이 받았다고 전해진다. 우리 조상들의 우수한 발자취와 숨결은 우리가 모르는 사이 예술로 승화되어 세계 곳곳에서 찬란한 꽃을 피우고 있었던 것이다.

열정은 경쟁력이자 최고의 유산

"가장 큰 파산은 열정을 잃어버린 것이다. 모든 것을 다 잃어도 열정만은 잃지 말라. 그러면 언제든 다시 일어설 수 있다"는 H. W. 아놀드의 말처럼, 이 세상 최악의 파산자는 바로 열정을 상실한 사람이다.

올더스 헉슬리는 "어른이 되어서도 어린아이의 마음을 지니는 것, 즉 열정을 간직하는 것이 천재의 비밀이다"고 한다. 에디슨 또한 "부모가 자녀에게 물려줄 수 있는 최고의 유산은 바로 열정"이라고 했다.

어느 날 발명왕 에디슨의 연구소에 큰 화재가 난 일이 있었다. 에디슨은 아들을 시켜 "어머니를 모셔 와라. 이 장면을 목격해야 한다." 자식과 아내, 그리고 많은 연구원들이 보는 앞에서 에디슨은 이렇게 말한다. "나는 이 순간 나의 사랑하는 신께 감사드립니다. 신은 지금 나의 실패작을 불태우고 있습니다."

에디슨은 큰 불 앞에서 망연자실하지 않았다. 오히려 없어져야 할 실패작을 신이 불태운다고 생각했다. 큰 시련이 와도 긍정적인 생각과 열정이 살아 있다면 능히 이겨낼 수 있다.

목표를 향한 계획적인 삶 속에서 열정은 생겨난다. 비전 없이는 결코 열정이 생기지 않는다. 한 번도 가 보지 않은 장소, 평소 해 보지 않던 일, 먹어 보지 않았던 새로운 음식을 먹는 가운데서도 우리는 열정을 느낄 수 있다.

'사랑'은 동사이고, '성공'도 동사다. '자기 계발'은 진행형이고, '열정'은 그 촉매 역할을 한다는 말이 있다. 위기의 시대! 이것을 극복할 수 있는 해법은 불가능을 가능케 하는 '도전 정신'과 멈추지 않고 달리게 하는 추진 에너지, 즉 '열정'밖에 없다.

열정의 상징 나폴레옹

나폴레옹의 작은 키는 성인이 되어서까지 큰 고민이었다. 그래서 그는 말을 타면서도 작은 키에 대한 핸디캡을 극복하고자 노력했다. 그 노력의 일환으로 언제나 말에서 자고 식사하고 책을 읽으면서 생활을 했기에 최고의 기마술을 습득하게 되었다.

이런 경험은 전쟁터에서 기존 방식과 다른 말을 이용한 기마전으로 무장할 수 있게 하였고 마침내 유럽을 제패하게 된다. 키에 대한 핸디캡을 극복하려던 노력이 결국 승리를 부르는 훌륭한 전쟁터의 무기가 된 것이다.

또 나폴레옹이 신성로마제국을 공격할 때의 일이다. 적국의 건장한 장군이 나폴레옹을 보며, "감히, 키가 조막만하게 작은 놈이 신성한 로마제국의 황제가 되기 위해 이곳을 침범해! 너 죽고 싶으냐?"라며 온갖 욕설을 퍼부었다. 나폴레옹은 잠시 그의 말을 듣고 난 후 이렇게 외친다.

"정말 너의 말을 듣고 보니 네 말이 옳은 것 같기도 하구나. 땅을 기점으로 키를 재면 네 키가 나보다 더 커 보이는 것은 사실이다.

하지만 내가 사랑하고 나를 보호해 주고 있는 저 하늘에 계신 신을 기점으로 키를 잰다면 내 키가 훨씬 더 커 보이지 않느냐?"

나폴레옹의 지혜롭고 용맹스러운 이 한마디에 나폴레옹을 비하하던 장군이 길을 열어 줬다는 일화가 있다. 만약 나폴레옹이 작은 키에 대한 핸디캡으로 자꾸 움츠러들고 숨으려고만 했다면 세계 역사는 어떻게 바뀌었을까. 자신의 약점을 이겨내려는 열정이 역사의 한 페이지를 장식한 나폴레옹을 만든 건 아닐까.

열정은 바이러스와 같이 전염된다. 열정적인 사람 주변에 있는 사람들은 그 열정적인 모습에 같은 생각과 행동을 하게 된다. 열정에 찬 나폴레옹은 역시 열정에 찬 나폴레옹 군대를 만들어 낸 것이다.

Summary & Assignment

역동성의 원리에서 우리는 세 가지에 대해 배웠다. 그것은 각각 작은 세 가지 원리로 새롭게 분류할 수 있다. '리(불)'에서 얻은 핵심 3가지 원리 외에 그 원리를 구성하는 작은 요소들은 스스로 만들어 보길 바란다.

1. 한민족의 혼과 열정
   : 혼과 열정

2. 열정은 경쟁력이자 최고의 유산
   : 경쟁력과 유산

3. 열정의 상징 나폴레옹
   : 열정은 추진 에너지요, 바이러스다!

표현력

인간이 표현할 수 있는 가장 아름다운 꽃은 웃음꽃이다. 그렇다면 인류가 발명한 가장 아름다운 꽃은 무엇일까? 바로 '불꽃'이 아닐까? 그리고 옛 사람이든 요즘 사람이든 누구든지 좋아하며 즐기는 놀이가 불꽃놀이다.

"예술은 아름다운 것을 표현하는 것이 아니라, 어떤 것을 아름답게 표현하는 것"이라는 칸트의 말처럼 어둠을 밝히면서 하늘에 장관을 연출하는 불꽃은 바로 아름다운 표현과 예술 그 자체라고 말할 수 있다.

이처럼 불이 우리에게 전하는 두 번째 리더십 원리는 바로 생각과 마음을 아름답게 연출하는 표현력(表現力), 즉 커뮤니케이션의 원리다.

커뮤니케이션으로 상대의 마음을 잡아라

사람을 움직이게 하고 가슴을 설레게 하는 말 속에서 우리는 감동(感動)을 주고받는다. 감(感)은 사람의 마음을 움직이고 동(動)은 직접적인 행동으로 직결되는 것으로, 사람을 감동시키는 표현력, 즉 커뮤니케이션이야말로 리더십의 최종 단계라고 할 수 있다.

그런데 말로 동기 부여를 하고 그 사람을 움직여 스스로의 가슴에 종을 울리게 만드는 것은 평소의 존경심과 신뢰를 바탕으로 했을 때만 가능하다. 즉, 감동적인 커뮤니케이션은 상대방을 변화시킬 수 있는데 그것은 바로 준비되고 내면화된 스피치, 다시 말해 살아오면서 경험하고 체험한 것을 실천할 때 아름답고 영향력 있는 커뮤니케이션으로 사람들에게 다가간다는 것이다.

그럼 어떻게 하면 리더로서 아름다운 커뮤니케이션 능력을 발휘할 수 있을까? 고대 그리스의 철학자 아리스토텔레스는 자신의 생각을 타인과 소통하는 데 필요한 3가지 요소에 대해 다음과 같이 말했다.

첫째 로고스(Logos), 즉 논리적이어야 한다. 논리 정연한 설득력으로 이성적으로 이해할 수 있게 만든다.

둘째 파토스(Pathos), 즉 감성적이고 표현적이어야 한다. 사람들의 감성을 자극하는 감동적인 표현력은 사람의 마음을 움직일 수 있다는 것이다.

셋째 에토스(Ethos), 인격적이어야 한다. 논리적이고 감동을 주면서 말하고자 하는 내용이 인간적으로 사회적 가치에 맞는 것이어야 한다는 이야기다.

다시 말해 말의 전개 과정이 논리적이면서, 가슴을 파고드는 감성적인 표현력, 내용을 전하는 사람의 인격 등 3요소가 함께 갖추어졌을 때 최고의 설득력을 지닌 감동적인 커뮤니케이션이 된다는 것이다.

그리고 여기에 덧붙이자면 내용을 전달하는 리더의 열정과 목소리 또한 중요한 요인으로 작용한다. 즉, 사람들에게 호감을 줄 수 있는 목소리를 갖는다면, 울림을 주는 말하기를 좀 더 쉽게 할 수 있다는 이야기다.

원래 목소리가 비호감이라고 걱정할 필요는 없다. 소리도 하나의 운동이다. 복식호흡을 통해 지속적으로 연습을 하게 되면 끌림을 줄 수 있는 목소리로 바뀌게 된다.

언어 이전에 소리가 있다. 소리는 우리들 입 속에 있는 것이 아니라 자연스럽게 밖으로 나가는 것이다. 내면의 생각을 소리를 통해 자연스럽게 뱉어 버리는 것이 중요하다. 그와 더불어 마음과 몸을 열게 되면 얼굴 표정이 변하고, 편안해지면서, 소리 또한 달라지고, 호감 가는 인상까지 가질 수 있다. 한마디로 호흡과 말은 같다고 할 수 있다.

설득력 있는 리더의 커뮤니케이션 기법을 현대적인 감각으로 풀이한다면 다음과 같이 설명할 수 있다.

설득력 있는 리더의 커뮤니케이션 방법 - 세상이 우리를 보는 창

이미지
어떻게 보이는가?(외적 이미지) How we look : 표정, 옷차림 등
언어 커뮤니케이션
무엇을 말하는가?(콘텐츠) What we say 어떻게 이야기하는가?(음성언어) How we say it : 호흡, 목소리, 발음, 발성, 톤, 빠르기
비언어 커뮤니케이션
어떻게 행동하는가?(신체언어) What we do : 표정, 시선, 제스처, 태도, 성품 등

사람의 행동 구조를 알면 커뮤니케이션이 쉬워진다

사람의 행동 구조는 '5W 1H'로 요약된다.

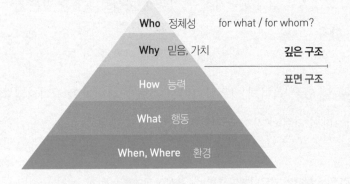

사람의 행동 구조

Who 정체성   for what / for whom?

Why 믿음, 가치   깊은 구조

How 능력   표면 구조

What 행동

When, Where 환경

Who 누구? ·········· 정체성
Why 왜? ·········· 믿음, 가치
How 어떻게? ·········· 능력
What 무엇? ·········· 행동
When, Where 언제?, 어디서? ·········· 환경

사람의 행동을 결정하는 것은 믿음과 가치다. 가치가 있다고 생각하기 때문에 현재 일에 충실히 열정적으로 임한다. 가치가 있다고 생각하기 때문에 스스로 교육을 받는다. 가치는 독자적으로 만들어지는 것이 아니라 믿음에 의한 행동의 결과로 만들어 진다. 따라서 믿음은 항상 가치에 영향을 미친다. 믿음

과 가치에 의해 정체성이 형성되기도 하고 정체성에 의해 믿음과 가치가 영향을 받기도 해 둘은 상호의존적이라고 할 수 있다.

우리가 갖고 있는 대부분의 고민과 스트레스는 환경레벨(when, where)에서 능력레벨(how) 사이에 존재한다. 예를 들어, '싫은 사람이 있어 직장에 가기 싫다'고 하는 것은 환경레벨의 문제다. '음식을 절제할 수 없어 고민이다'고 하는 것은 행동레벨의 문제다. 'CEO 앞에서 프레젠테이션을 잘할 수 없다'는 능력레벨의 문제를 말한다.

능력은 행동을 하기 이전에 가져야 할 것들이다. 예를 들면, 피아노를 칠 때 필요한 능력은 악보를 읽을 줄 아는 것이다. 능력에 앞서 열심히 연습하면 훌륭한 피아니스트가 될 수 있다는 믿음이 있기 때문에 피아니스트들은 밤을 새워 가며 건반을 치고, 또 치는 것이다. 만일 믿음과 가치가 공격을 당하면 자율운동계의 교감이 작용하여 스트레스를 받는다.

질문을 할 때는 '왜?'보다는 '어떻게?'라고 하는 것이 좋다. 예를 들어, "야! 너 이거 왜 그랬어?"라고 질문하면 상대방에게 공격적인 느낌을 준다. 이럴 때는 "이런 상황이 일어났는데 어떻게 한 거야?"라고 해보자. 상대방의 거부감을 없애기 때문에 의사소통이 훨씬 수월해질 것이다.

'왜'라는 질문은 창의성과 상상력을 자극할 때나, 성직자 또는 영적 수준이 높은 사람과의 대화에서는 사용해도 무방하다.

문제가 발생했을 때 그 레벨 안에서 해결책을 찾고자 한다면 일시적인 방편 밖에 되지 않는다. 중요한 것은 상위 레벨인 신념(믿음), 가치, 정체성과 같이 본질적인 해결책을 찾는 것이다.

행동 구조에서 정체성(identity)은 그 사람이 존재하는 이유이자 다른 사람과 나를 구별하는 것을 말한다. 나만의 특성을 이해하자. 영적인 수준에 올라가게 된다면 '내가 무엇을 위해 사는기(for what)?', '누구를 위해 살아가는가(for whom)?'라는 질문을 스스로 던지게 될 것이다.

나는,
언제 어디서, 무엇을 행동하는가?, 능력은?
믿음과 가치는?, 나는 누구인가?

위 질문들을 지속적으로 던져보자. '나'다운 행동이 나오는 발로를 찾을 수 있을 것이다.그리고 우리가 하는 모든 행동에는 '긍정적 의도'가 숨어 있다는 사실을 알아야 한다. 이런 행동 구조를 잘 알고 사람을 대하는 것이 커뮤니케이션을 잘하는 비법이다.

누구를 위해 사는가?
무엇을 위해 사는가?
믿음을 바꾸면 놀라운 결과가 생긴다.

* 위 내용은 로버트 딜트(Robert Dilts) 교수의 신경차원레벨 NLP Master Practitioner를 참고했음을 일러둔다.

마음을 사로잡는 커뮤니케이션 기법

리더는 커뮤니케이션 능력, 즉 소통의 능력이 필요하다. 말은 사람의 인격이요, 가치요, 철학을 나타낸다. 사람의 말을 들어보면 그 사람에 대해 알 수 있다. 커뮤니케이션은 사람의 마음속에 믿음을 형성하는 과정이다. 따라서 리더는 자기 내면의 생각을 정확히 표현하고 상대방의 신뢰를 이끌어낼 수 있는 커뮤니케이션 능력을 길러야 한다. NLP에서 사용하는 과학적인 커뮤니케이션 방법을 살펴보자.

1) 예스 세트(Yes Set)

상대방이 '예(Yes)'라고 대답할 수 있도록 계속해서 질문을 던지면 마음이 열리게 된다. 이것은 어떤 제안을 할 때 상대방을 설득하는 데 좋은 방법이다. 역사상으로 소크라테스가 많이 사용했다고 해서 '소크라테스 문답법'으로 불리고 있다.

중요한 것은 한 번이라도 '아니요(No)'라는 말이 나오게 해선 안 된다는 점이다. 상대방이 말하지 않고 마음으로 긍정하게끔 하는 것도 좋은 방법이다.

따라서 협상을 할 경우 보다 쉽게 타협할 수 있는 문제들을 전반부에 놓는 것이 유리하다. 그 이유는 인간의 뇌가 앞으로 나아가고자 하는 향상성(向傷性)을 지니고 있기 때문이다.

자연스럽게 3~4번 'Yes'라고 대답할 수 있는 질문을 받게 되면 인간의 뇌는 'Yes'라는 긍정적 단어와 친숙해지게 된다. 그래서 몇 번의 'Yes'라는 답변을 던진 후 결정적인 순간 질문을 하게 되면 자신도 모르게 'Yes'라는 답변을 하게 될 확률이 높아지게 된다.

예스 세트(Yes Set)는 자연스럽게 활용할 수만 있다면 서로 윈윈이 될 수 있는 기분 좋은 대화법이다.

2) 미러 세트(Mirror Set)

호감을 느끼는 상대방의 행동을 무의식적으로 따라하는 심리적인 방법이다. 상대방과 내가 거울을 대하고 있는 것처럼 비슷한 표정과 말투, 행동을 하는 것이다. 마치 상대방의 거울인 것처럼 행동하면 주관화에서 탈피하게 되어 그 사람이 바로 나라는 생각을 갖게 된다.

상대방이 끄덕이면 나도 끄덕이고, 상대방이 오른 팔을 들면 나는 왼팔을 들고, 상대가 손을 흔들면 나도 손을 흔들어 준다. 이렇게 똑같은 행동을 해주면 상대방은 나에게 마음을 열게 된다. 그 순간 내가 어떤 제안을 하게 되면 나의 제안에 응한다. 그 사람과 내가 마치 거울인 것처럼 해주면 세팅이 된다. 상대방이 눈치를 채지 못하게끔 자연스럽게 하는 것이 포인트다.

미러 세트(Mirror Set)는 시간은 걸리지만 대단히 효과적이다. 특히 연인끼리 애정의 밀도를 확인하는 데 거울효과를 사용해보면 좋다. 주위에 호감을 느끼는 사람이 있다면 당장 시작해보라. 나에 대한 상대의 호감을 불러일으킬 수 있다.

거울효과에서 중요한 것은 늘 긍정적인 사고, 좋은 생각을 하고 올바르게 행동을 하게 되면 나의 심리상태가 상대방에게 전해져 좋은 현상으로 다가온다는 것이다.

3) 무드 세트(Mood Set)

조용한 음악을 듣게 하거나 근사한 레스토랑에서 아늑한 조명 아래 분위기를 맞추면 상대방의 마음이 열리게 된다. 이 때 상대방의 말과 행동을 지지해주면서 무드 있게 말하면 설득력을 높일 수 있게 된다.

시작이 중요하듯이 마무리도 중요하다. 모든 강연이나 대화에 있어 마무리는 긍정적으로 끝나게 해야 한다. 오늘 모임에서 유익한 것은 무엇인지, 이익은 무엇이었는지 물어보고 답변하는 것은 분위기를 좋게 하는 데 도움이 된다. 상대방이 어떤 행동을 할 때 참 잘한다고 인정하거나 맞장구쳐 주는 것도 좋은 방법이다.

4) 백 트래킹(Back Tracking)

백 트래킹은 이야기를 꺼낸 사람에게 그 이야기에 대해 좀 더 깊이 자세하게 말할 수 있도록 간단히 맞장구를 쳐주는 대화 방법이다.

상대방의 말 중에 주요 부분을 다시 한 번 반복함으로써 상대방의 말을 잘 듣고 이해하고 있음을 표현해주면 서로 공감하면서 라포르를 형성하게 된다. 중요한 것은 상대방에게 진심으로 관심을 갖고 있다고 느끼게끔 하면서 반응을 해야 한다는 것이다.

5) 더블 바인드(Double Bind)

상반되는 메시지가 동시에 전달되는 것으로 대부분 두 가지 중한 가지를 선택하게끔 하는 설득 방법이다. 1956년에 인류학자이자 언어학자인 그레고리 베이트슨이 팔로알토 연구소에서 발표한 이론적 개념이다.

다음 질문들이 대표적인 사례다.

"이 영화가 좋으세요? 저 영화가 좋으세요?"

"우리 연극 보러 주말에 갈까요? 주 중에 갈까요?"

"낮에 가는 것이 좋을까? 밤에 가는 것이 좋을까?"

6) 돌려서 말하기

속마음을 숨기고 간접적으로 돌려서 말하는 것으로 상당한 내공이 필요한 대화 기법이다.

다음과 같이 돌려서 말할 수 있다.

"물 좀 주세요." → "갑자기 목이 마르네."

"커피 좀 타줘." → "오늘 따라 커피 생각이 나네."

소주 광고에서 '흔들어 주세요' 하는 것은 바로 구매 욕구로 이어지는 돌려서 말하기의 한 형태다.

경청을 통한 피드백 훈련

1단계: 상대방 말에 집중하기
2단계: 순수한 관심으로 호응하면서 적절한 질문하기
3단계: 긍정적인 피드백 해주기

위의 피드백을 잘하기 위한 훈련으로 다음의 방법을 제시한다.

첫째, 화자가 먼저 2분간 스피치를 한다.

둘째, 듣는 사람이 화자의 모습을 잘 관찰하고 경청한다. 이때는 과학적 커뮤
니케이션 방법에서 배운 Mirror Set 상태로 들어간다. 그리고 화자에게 어울
리는 하나의 단어를 떠올린 후 피드백을 해준다.

셋째, 화자가 다시 피드백을 받은 느낌을 말해준다.

한마디로 관찰-경청-느낌의 순서다.

글로 감동을 주고 말로 종을 울려라

카이스트에서 강의를 하면서 만난 학생 중 인상 깊었던 이름 중 하나가 '박글'이라는 학생이다. 언니는 '박글'! 동생은 '박그림'! 그야말로 아름다운 글과 그림이 조화를 이루는 아름다운 형제의 모습이다. 박글과 박그림 학생과의 인연을 통해 이런 생각이 떠올랐다. '자신의 생각을 글로 쓰고 그림으로 표현하고 아름답게 말할 수 있는 능력을 가지면 얼마나 좋을까.'

글로 쓰면서 우리의 생각들을 구체화할 수 있고, 그림으로 표현하면서 표현력을 기를 수 있고, 아름답게 말하면서 우리는 사람들의 가슴을 뛰게 만들 수 있다.

창조 사회의 리더는 글쓰기와 말하기에 재능이 있어야 한다. 글로 감동시키고 말로는 사람들 가슴에 종을 울리게 하자. 이는 실력과 인격과 열정을 함께 갖추고 있을 때만 가능하다.

Summary & Assignment

표현력의 원리에서 우리는 세 가지에 대해 배웠다. 그것은 각각 작은 세 가지 원리로 새롭게 분류할 수 있다. '리(불)'에서 얻은 핵심 세 가지 원리 외에 그 원리를 구성하는 작은 요소들은 스스로 만들어 보기 비란다.

1. 커뮤니케이션으로 상대의 마음을 잡아라

　: 표현의 예술 커뮤니케이션, 테크닉+매력

2. 마음을 사로잡는 커뮤니케이션 기법

　: 울림과 여운

3. 글로 감동을 주고 말로 종을 울려라

　: 감동과 감탄

인류애

태극원리의 궁극적 목적은 전 세계 인류의 행복에 있다. 행복을 위해선 사랑이 필요하다. 태극이 알려주는 리더십의 마지막 12번째 원리는 바로 인류를 사랑하는 마음, 지구에 존재하는 모든 것들을 무조건적으로 사랑할 수 있는 인류애(人類愛)이다.

태극의 음양과 각각의 괘가 알려주는 '태극원리'의 핵심은 결국 세계 인류를 위한 사랑을 펼치는 것이 진정한 의미에서 리더십을 발휘한다는 사실이다.

인류애란 인류 전체에 대한 사랑을 말한다. 진정한 이 시대의 리더라면 가족과 함께, 이웃, 사회, 자기가 살고 있는 국가나 민족뿐만 아니라 전 세계 인류를 위해 희생하고 봉사하고 사랑을 실천할 수 있는 정신과 마음을 갖고 몸으로 행동할 수 있어야 한다. 내 이웃과 세계 인류를 내 몸 같이 사랑할 수 있는 사람이 바로 지금 이 시대의 글로벌 리더이다.

세상의 진리와 무조건적인 사랑

그리스 신화에 나오는 프로메테우스는 하늘의 불을 훔쳐 인류에게 건네주었고, 그로 인해 불은 인류에게 이성, 계몽, 자유로운 표현과 창조적 능력 향상에 도움을 주게 된다. 그리고 프로메테우스가 인간에게 선물한 불을 기념하기 위해 4년마다 열리는 올림픽에서 개막식과 폐막식에 진행되는 의식을 위한 성화 봉송이 지금까지도 이어져 내려오고 있다.

인류는 불빛을 보고 하나가 되어 왔고 그 불빛은 지구에 살고 있는 모든 인류에게 인종과 성별, 국적 상관 없이 하나 되는 인류애라는 메시지를 전하고 있다. 따라서 불은 리더십에서 인류애적인 마음, 즉 상대방을 사랑으로 끌어안고 희생과 봉사를 해야 한다는 의미를 지니고 있다.

진정한 21세기의 리더는 사회와 국가를 떠나 전 세계 인류에게 사랑과 봉사를 할 수 있는 글로벌 리더십, 인류애를 가슴에 품어야 한다.

인류애를 실천한 이태석 신부

"나눔은 우리의 마음을 행복하게 합니다. 아무리 나눠주어도 나눌 것이 너무 많습니다. 나눔은 참 신기한 요술 항아리입니다."

영화 〈울지마 톤즈〉의 주인공인 고 이태석 신부는 인제대학교 의과대학을 졸업한 후 1992년 광주가톨릭대학교 신학대학에 입학하여 성직자의 길을 걸었다. 2001년 수단의 내전으로 폐허가 된 아프리카 오지인 남수단 톤즈로 향하여 가톨릭 선교활동을 펼치면서 톤즈의 아이들과 약자들을 돌보면서 지냈다.

말라리아와 콜레라로 죽어 가고 고통 받는 주민들과 나병 환자들을 위해 병원을 세우고, 병원까지 찾아오지 못하는 주민들을 위해선 척박한 오지 마을을 직접 순회하기도 했다. 식수난이 해결되지 않는 곳에선 우물을 파 식수난을 해결하였고 학교를 세워 원주민 계몽에 앞장섰다.

그렇게 열정적으로 인류애를 실천하면서 살아가던 도중 2008년 대장암 4기 판정을 받게 된다. 그는 병중에도 봉사하는 삶, 가슴이 뛰는 삶을 살았고 결국 아름답게 생을 마쳤다.

이태석 신부의 인류애를 실천하는 삶과 모습은 사랑과 희생으로 조직을 이끌어야 하는 많은 리더들에게 귀감이 되고 있다.

비누와 촛불 같은 삶

"촛불은 그 자신을 밝히기 위하여 존재하는 것이 아니다." - 수피

타인을 위해 자신을 희생하는 것은 최고의 선이자 진정한 사랑이다. 자기사랑과 가족사랑보다 타인사랑 즉 이웃사랑이 크고, 그것보다 사회와 국가, 민족에 대한 사랑이 더 크다. 그리고 가장 큰 사랑은 바로 세계 인류를 위해 봉사할 수 있는 사랑, 즉 인류애이다.

2001년 1월, 일본 도쿄에서 술에 취해 선로에 떨어진 일본인을 구한 뒤, 자신은 미처 지하철을 피하지 못하고 하늘로 간 아름다운 한국인 유학생 고 이수현 씨 이야기가 〈너를 잊지 않을 거야〉라는 영화로 만들어졌다.

이 사건이 뉴스를 통해 일본 전역에 알려지자 일본 열도는 "이기적이고 개인주의적인 일본인을 대신해 한 외국인 청년이 희생됐다", "일본인이 아닌 이가 일본인을 구하면서 일본에 목숨을 바쳤다"면서 혼란과 충격, 감동으로 들끓었다.

이후 일본인들은 이 사건을 잊지 않기 위해 신오오쿠보 역에 이수현 씨의 추모비를 세웠다. 거짓말처럼 아름다운 청년 이수현의 이야기는 우리에게 진정한 이웃사랑과 인류애가 무엇인가를 보여준다.

진리를 열어 주는 사랑

"가장 깊은 진리는 가장 깊은 사랑에 의해서만 열린다."

- 하인리히 하이네

최근 들어 가장 기뻤던 일은 무엇인가? 또 최근 들어 가장 슬펐던 일은 무엇인가? 사람은 기쁨과 슬픔의 교차 속에 상처를 주기도 하고 받기도 한다. 이때 중요한 것은 마음 깊은 곳에 상처를 간직하고 있는 사람은 언젠가 말을 할 때 그 상처가 나오게 된다는 점이다. 말과 목소리는 물론이고 눈동자와 제스처를 통해 그 상처가 나오게 되는 것이다. 다른 이의 험담으로 상처를 주는 사람이 되지 말자. '입술의 30초가 가슴속에서는 30년을 간다'는 말이 있다.

불은 스스로를 태워서 다른 것들에게 도움을 주는 삶을 산다. 상처를 주지도 말고 그것을 받아들일 수 있는 넓은 마음과 건전한 자아를 갖도록 하자. 누군가를 사랑한다는 것은 관심을 갖고 존중한다는 것과 같다. 나로 인해 세상이 변화되는 아름다운 삶을 살아 보자.

영적 지수가 높은 사람은 하늘의 뜻과 질서를 알고, 땅과 조화하면서 나보다는 남을 위해 살아간다. 우리 옛 조상들은 이를 두고 '홍익인간'이라 표현했다. 더 나아가 불경에서는 '자비', 성경에서는 '네 이웃을 사랑하라'라고 표현했다.

자유로움 속에서 이웃사랑을 실천해 보라. 보여주는 사랑이 아닌 행동하고 실천하는 삶이 우리에게 필요하다. 미국 대통령이었던 트루먼은 '의회에 보낸 메시지'에서 "강대국의 책임은 세계를 지배하는 것이 아니라 세계에 봉사하는 것이다"라고 말했다.

오늘날 인류애를 실천하는 세계적인 규모의 봉사 단체로는 1905년 시카고에서 변호사로 활동하던 폴 해리스에 의해 창립된 국제 로타리(Rotary International)와 1917년 시카고의 기업가 멜빈존스에 의해 지역 사회와 전 세계적인 봉사 활동을 위해 설립된 국제 라이온스 클럽(Lions Clubs International)이 있다.

Summary & Assignment

인류애의 원리에서 우리는 세 가지에 대해 배웠다. 그것은 각각 작은 세 가지 원리로 새롭게 분류할 수 있다. '리(불)'에서 얻은 핵심 세 가지 원리 외에 그 원리를 구성하는 작은 요소들은 스스로 만들어 보기 바란다.

1. 세상의 진리와 무조건적 사랑
   : 진리와 사랑

2. 비누와 촛불 같은 삶
   : 희생과 봉사

3. 진리를 열어 주는 사랑
   : 영적 지수와 사명감

지금까지 제4의 원소인 불을 통해 다양한 가치와 덕목을 살펴봤다. 불이 알려주는 원리는 역동성, 표현력, 인류애이다.

첫 번째 원리인 역동성은 실패를 두려워하지 않고 도전과 모험을 즐기는 열정적인 리더십을 알려준다.

두 번째 원리인 표현력은 원활한 소통을 위한 커뮤니케이션 방식의 중요성을 알려준다.

마지막으로 세 번째 원리인 인류애는 희생과 사랑을 강조한다. 전 세계 인류에 대한 사랑으로 나아가는 인류애적인 리더십을 알려준다.

제2장

디지로그(digilog) 리더십이란 무엇일까?

음양을 상징하는 태극은 시간과 자연의 흐름을 나타냄과 동시에 아날로그 세계를 형상화한 것으로 볼 수 있다. 그리고 태극의 아름다운 곡선은 부드럽게 물결치는 모양이다. 한민족의 다함이 없는 우주정신과 큰마음, 그리고 생명력과 함께 역동적인 흐름을 보여준다.

이런 태극의 음양이 태극기 한가운데 위치한다는 사실에 주목해보자. 태극의 둘레에는 건곤감리 등

태극이 표현하는
리더십

디지털을 형상화한 사괘(四卦)가 있고, 그 가운데에 음양인 태극이 있다는 것은 디지털 과학 시대에 감성적인 마음을 그 중심에 두어야 한다는 의미로 풀어볼 수 있다. 즉 실력과 인격을 갖추고 그 중심인 가슴에 사랑을 품고 실천할 수 있는 리더의 모습을 표현하는 것이다.

이것이 태극이 표현하는 리더십이다. 음(陰)과 양(陽)의 조화로움 속에 자연과 세계, 하늘과 우주를 향해 나아가는 리더의 근본 자질에 대해 살펴보자.

Chapter 05

음양이 조화를
이루는 리더십

우주에는 보이는 세계와 보이지 않는 세계가 있다. 사람의 마음도 의식하는 부분이 있고 의식하지 못하는 부분이 있다. 유형과 무형, 그 보이지 않는 부분을 볼 수 있고 의식하지 못하는 부분을 의식하게 만드는 것이 바로 음양의 원리다. 앞으로는 정음정양(正陰正陽)의 시대다. 사람 또한 음과 양, 이성과 감성의 능력을 함께 갖출 때 더 큰 힘을 발휘할 수 있게 된다.

위대한 문자 한글은 음과 양, 상하좌우 융합에 의해 만들어 졌다. 그것을 설명하면 다음과 같다.

―(음), ㅣ(양)
ㅗ(상, 오름), ㅜ(하, 내림), ㅓ(좌, 내면), ㅏ(우, 외면)

그야말로 음양과 원 안에 우주가 있듯이 과학적으로 만들어진 독창적인 문자다.

최근 '디지로그 융합 리더십'이란 말이 자주 사용된다.

디지로그(digilog)란 과학 기술 시대를 대변하는 디지털과 인간과 자연을 대표하는 아날로그의 결합을 말한다. 과학 기술이 발전할수록 아날로그적인 형태의 감성이 디지털 사회를 더욱 풍부하게 해준다는 뜻이다. 인간적인 느낌과 향수가 담긴 최첨단 기술 제품에 사람들의 관심과 수요가 몰리는 현상과 같다.

하늘에 해(日)가 있다면 땅에는 불(火)이 있고, 하늘에 달(月)이 있다면 땅에는 물(水)이 있다. 하늘이 원형으로 끝이 없다면, 사람은 둥근 모양의 머리가 있고 땅을 상징하는 발이 있다. 하늘의 해와 달처럼 인간도 두 개의 눈(目)을 가지고 있다.

이번 장에서는 태극이 표현하는 리더십, 음양이 조화를 이루는 '디지털 아날로그 융합 리더십'에 대해 배워보자.

아날로그의 태극과 디지털의 4괘

하늘과 땅과 인간, 그 밖의 모든 사물은 기(氣)의 운동에 의해 생성, 발전하기도 하고 소멸되기도 한다. 우리가 살고 있는 우주에는 음(陰)과 양(陽)이라는 두 가지의 기가 존재하고 있는데, 태극의 음과 양이 바로 음양의 기를 상징한다.

태극의 음양은 원형(圓形)으로 시간과 자연의 흐름을 나타내는 아날로그 세계를 형상화한 것으로 볼 수 있다. 이때 태극의 곡선은 부드러우면서도 물결치는 것처럼 보이면서 어떤 흐름을 나타내는 모양을 취하고 있다.

반면에 태극의 주위를 둘러싸고 있는 4괘(卦)는 공간의 위치와 질서를 상징하는 디지털 세계의 단면을 나타내고 있다. 동서남북 사방위(四方位)를 의미하듯 각형(角形)의 건(乾☰), 곤(坤☷), 감(坎☵), 리(離☲)는 선(線)과 정확한 수치(0과 1의 이진법), 여백(餘白) 등으로 구성되어 있음을 알 수 있다.

태극(太極)의 음양(陰陽): 원형(圓形)

= 시간과 자연의 흐름을 나타내는 아날로그 세계

건곤감리(乾坤坎離)의 4괘(卦): 각형(角形)

= 공간의 위치와 질서를 상징하는 디지털 세계

이 원리를 리더십에 적용해 보자.

태극의 음양(陰陽)은 둥근 원모양의 원형(圓形)으로 자연 그대로의 모습인 아날로그적 감성 리더십을 나타낸다고 볼 수 있다.

또 그 주위를 감싸고 있는 4괘는 동서남북 사방위를 뜻하는 사각형 모양의 각형(角形)으로 우주와 자연, 그리고 모든 사물을 인간이 이해하고 있는 그대로 받아들이고 수용하면서 새롭게 창조해 나가는 디지털적 사고방식을 가진 리더십으로 적용할 수 있다.

수천 년 전에 만들어진 태극의 음양사상이 아날로그적 감성과 현대의 디지털적 과학 문명을 나타내고 있었던 것이다. 그야말로 역(易)과 과학(科學)의 아름답고 위대한 만남이다.

최근 들어 미국 MIT와 독일을 비롯한 서구에서 역(易)과 그 구성 요소인 64괘에 대한 연구가 활발한 것도 바로 이러한 연유에서 비롯된 것이다.

원형(圓形)의 음양이 나타내는 아날로그적인 감성과 각형(角形)의 4괘가 나타내는 디지털적인 사고는 서로가 조화를 이룰 때 최고의 힘을 발휘할 수 있다.

이것은 이성과 감성, 실력과 인격을 동시에 갖추고 가슴에 사랑을 품고 인류를 향해 빛을 발하는 사람이 이 시대의 진정한 리더임을 알려주고 있는 것이다.

태극의 음양원리와 조화

태극의 음양원리를 성경과 비교해 보자.

요한 계시록 22장 13절에 "나는 알파요 오메가요, 처음과 나중이요, 시작과 끝이라"라는 구절이 있다. 여기에서 알파는 태초를 의미하는 태(太), 오메가는 다함을 의미하는 극(極)을 지칭한다. 즉 '알파요 오메가'는 바로 태극, 더 나아가 음양을 의미한다.

또 성경 창세기 1장을 보면, 하나님이 천지를 창조하면서 가장 먼저 한 일은 빛과 어둠을 나눈 것이었다. 즉, 태초의 시작은 빛과 어둠인 음과 양에서 시작되었음을 알 수 있다.

태극 관점에서 보면, 양은 중심에서 밖으로 발양하려는 모습을, 음은 밖에서 안으로 응축하려는 모습을 보여준다. 하늘과 땅의 관점에서 보면 가볍고 맑은 양은 밖으로 팽창하면서 하늘이 되고, 무겁고 흐린 음은 안으로 뭉치면서 땅이 된다.

그렇다면 음양의 조화가 지향하는 바는 무엇일가. 바로 상반된 기운이 서로 공존과 균형을 이뤄야 한다는 것이다. 빛이 있기에 어둠과 그림자가 있다. 또 어둠이 있기에 빛이 존재한다. 이렇듯 서로 상반되지만 공존해야만 하는 것들을 생각해 보면 음양의 이치에 대해 쉽게 이해할 수 있다.

태극은 음과 양의 조화를 상징하면서 우주 만물이 음양의 상호작용에 의해 생성하고 발전한다는 대자연의 진리를 형상화 한 것이다. 음양오행 사상의 상징이면서 우주 운행의 원리를 나타내기도 하고 태극기의 중심에 위치하면서 가장 핵심적인 의미를 지니고 있기도 하다.

그렇다면 음과 양은 어떤 방식으로 결합해서 하나의 사물을 이룰까? 주역 서문에서 그 답을 찾아보자.

《주역》서문

萬物之生 負陰而抱陽 莫不有太極 莫不有兩儀 絪縕交感 變化不窮

만물의 생겨남이 음을 (뒤에) 지고 양을 (앞으로) 안아, 태극이 있지 않음이 없으며, 양의가 있지 않음이 없으니, 인온하여 사귀어 느낌에 변화가 무궁하다.

우리는 하늘의 태양(太陽)을 해라 부르고, 하늘의 태음(太陰)을 달이라 불러 왔는데, 해와 달은 낮과 밤을 밝게 비추면서 에너지를 공급하는 역할을 하고 있다.

우리는 밝은 태양의 에너지를 통해 결실의 기쁨을 느끼기도 하고, 어둠 속 에너지인 태음을 통해 시련을 겪기도 하면서 스스로를 단련시켜 고난을 이겨내게 된다.

항상 밝은 태양 밑에서만 자란다면, 온실 속 화초처럼 가벼운 시련에도 쉽게 좌절하고 만다. 사람, 동물, 그리고 식물은 음양의 과정을 통해 단련되고 성장하면서 스스로를 강화시켜 나가야 한다.

훌륭한 리더를 위한 커뮤니케이션도 마찬가지다. 이 세상 모든 만물에는 양면성이 있듯이, 커뮤니케이션에도 액션(action)이 있고 리액션(reaction)이 있다.

직접적으로 자신의 의견을 표현하는 액션에 반해, 리액션은 다른 사람의 말이나 행동에 대해 반응 또는 반작용하는 것을 말한다. 여기에서 리액션이 중요하다. 대부분의 사람들은 자신의 말을 잘 들어주고 관심을 기울여주는 사람에게 신뢰감을 갖게 된다. 이때 리액션은 말하는 사람 입장에서 상대방이 자신의 말을 잘 듣고 있는지 가늠할 수 있는 기준이 되기 때문이다. 이것은 마치 양 손바닥을 서로 마주치는 음양의 이치와 같다고 할 수 있다.

그렇다면 훌륭한 리더십을 위해 이런 음양의 이치와 조화를 어떻게 활용해야 하는 걸까. 먼저 우리 삶을 포함한 모든 현상은 양면적 성격을 지닌다는 사실을 잊지 말자. 빛과 그림자, 낮과 밤, 해와 달, 만남과 헤어짐, 삶과 죽음, 시작과 끝 등이 그렇다.

그리고 이런 양면적 요소를 지닌 상반된 현상 사이에서 강조되는 것이 바로 중용의 미덕이다. 이때 진정한 리더십은 상반된 두 극단의 중간점을 찾는 것이 아니라 두 극단 중 더 중요하고 우선시되는 쪽으로 치우쳐야 한다. 다시 말해 어둠보다는 빛이 되려고 노력하는 것이 진정한 리더십으로서 중용의 미학이라는 뜻이다.

음양의 섬 제주도

제주도는 우주 과학의 축소판이요, 실제로 태극사상을 이해하고 체험할 수 있는 섬이다.

제주도는 크게 제주시와 서귀포시로 나누어지고 그 한가운데에 한라산이 있다. 제주시와 서귀포시는 음과 양을 의미하고 그 가운데 우뚝 서 있는 한라산은 우주를 상징하는 원 그 자체라고 말할 수 있다.

제주도 서쪽에 위치한 차귀도 인근에는 수월봉(水月峯)이 있다. 수월봉을 경계로 해서 제주시와 서귀포시가 마치 음양을 의미하듯이 태극 모양으로 나뉘어진다. 그리고 동쪽에 있는 종달리(終達里)를 기점으로 제주시와 서귀포시의 경계선이 나누어진다. 북쪽 방향인 제주시에는 상도리(上道里)와 하도리(下道里)라는 마을 지명이 있으며, 남쪽 방향인 서귀포시에는 성산일출봉이 인근에 위치하고 있다. 제주시와 서귀포시의 경계선에 있는 구좌읍 종달리(終達里)는 '도달함을 마쳤다'는 의미가 있는 땅끝을 뜻하는 지명으로 제주도 동해안의 끝 마을에 위치하고 있다.

제주도의 머리 부분에 해당하는 한경면의 두모리(頭毛里)는 종달리의 반대 방향에 위치하고 있고, 땅의 꼬리 부분, 즉 제주도의 땅끝에 해당하는 지미봉(地尾峯)이 종달리(終達里)에 있다. 성산일출봉에 있는 성산해안도로에서 김녕 바다까지 있는 해안도로는 제주도에서 가장 아름다운 도로 중 하나로 손꼽히는데 이곳 해안도로를 달리다 보면 세상에서 가장 아름다운 빛깔의 바다를 만날 수 있다.

'해 뜨는 동해에서 해 지는 서해까지'라는 말처럼 해가 돋는다는 의미의 성산일출봉과 물 위에 달이 보인다는 의미의 수월봉을 경계로 제주시와 서귀포시가 만나서 음양의 이치인 양 나누어진 것은 우연의 일치라고 보기엔 너무나 절묘하지 않은가?

또, 한민족은 예로부터 3이란 수를 좋아했다.

1(一)은 하늘의 수요, 2(二)는 땅의 수요, 3(三)은 인간의 수, 즉 새로운 창조의 수를 의미한다. '가위, 바위, 보'를 할 때도 삼세판 하듯이 3이라는 수 그 자체는 바로 창조를 뜻한다. 그래서인지 제주도에는 물(水)과 관련된 폭포수가 3곳이 있는데 천제연 폭포, 천지연 폭포, 정방 폭포가 그곳이다.

그리고 화산을 뜻하는 불(火)과 연관된 곳 또한 3곳이 있는데 한라산 백록담, 성산일출봉, 산굼부리 등 화산 분화구가 그곳이다.

제주도에서는 시조신(양을나, 부을나, 고을나)이 땅에서 솟아났다는 전설이 있는 삼성혈이 있다.

예로부터 제주도를 삼다도(三多島)라 하는 이유도 돌, 바람, 여자가 많기 때문이다.

이렇듯 음과 양, 삼태극 사상이 함께 존재하고 있는 제주도야말로 우리 한민족의 핏줄이라면 누구나 한번쯤 방문하고 체험해야 할 신비의 섬이 아닐까?

제주도의 돌하르방

오른손이 올라간 것은 선비를 상징하는 문신(文臣)이고, 왼손이 올라간 것은 칼을 잡은 장군인 무신(武臣)을 의미한다.

삼태극과 원형적 에너지

태극의 모양은 원래 천지인 등 우리 고유 사상이 담긴 삼태극이었다. 이 삼태극이 현대에 와서 음양의 태극이 되었다. 삼태극은 모든 것이 다 갖추어져 있고 더 필요 없다는 의미의 완전수 3으로 이루어져 있다.

천부경은 "하늘(天)과 땅(地)과 사람(人)은 하나이며 그 가치 또한 동등하다. 사람은 하늘과 땅의 하나에 맞추어 능히 본심을 잃지 않으면 천지만물의 근본이 나와 일체가 된다"고 삼태극을 표현한다. 즉, 삼태극은 바로 우리 자신의 본래 참모습을 나타내는 것이다.

그렇다면 빨강, 파랑, 노랑의 삼태극이 의미하는 리더십은 어떻게 표현될까?

여기에 대해 스티븐 길리건(Stephen Gilligan)은 강력한 힘, 부드러움, 유머 감각 등을 꼽으며 이 세 가지를 인간의

삼태극

원형적 에너지라고 지칭했다.

먼저 강력한 힘에는 그 사람의 사회적인 직위, 역량 등이 포함되며, 한계를 설정하는 데 필요하다. 두 번째 부드러움에는 연민, 개방성, 관대함이 내재되어 있다. 마지막으로 유머 감각은 유연성, 창의성, 쾌활함을 말한다.

이때 강력한 힘, 부드러움, 유머 감각, 이 세 가지는 상호작용을 하게 된다. 예를 들어 부드러움은 있지만 힘과 유머가 없다면 허약함을 드러내거나 의존하는 사람이 될 가능성이 크다. 유머는 유연함과 창의성을 지니는 데 필요하지만, 이 또한 힘과 부드러움이 없다면 하나의 기교에 그칠 수밖에 없다.

따라서 훌륭한 리더십을 갖기 위해서는 삼태극의 균형을 유지하는 것이 중요하다.

음양을 통한 동서양의 비교

해가 떠오르는 방향인 동양은 양(陽)의 기운, 해가 지는 방향인 서양은 음(陰)의 기운을 지닌다. 따라서 동양인은 온화한 양의 기를 받은 덕분에 자연의 이치에 순응하는 성향이 있으며, 서양인은 음의 기운으로 냉철하면서 자연에 반(反)하는 성향이 있다.

1. 종교 문화

동양은 포용성을 전제로 한 다신관 종교가, 서양은 배타성을 전제로 한 유일신관 종교가 탄생했다.

제사에 있어 동양은 광명을 상징하는 흰 소복을, 서양은 암흑을 상징하는 검은 옷을 입는다.

2. 표기 문자

동양의 글자는 자연의 순리에 따라 위에서 아래로 세로쓰기, 서양의 글자는 좌에서 우로 가로쓰기를 한다.

필기구에 있어 동양의 붓은 순리와 예에 입각한 굽힘의 성질이 있고 아무리 눌러 써도 종이가 찢어지는 법이 없다. 반면 서양은 눌러도 굽힘이 없는 강한 성질을 지닌 펜을 사용한다. 펜에 힘을 주어 쓰면 종이는 금방 찢어진다.

이름을 쓸 때에도 동양은 뿌리와 전통을 중시해 성을 먼저 쓰고 이름을 뒤에 쓰지만, 서양은 현실과 열매를 중요시해서 성보다는 이름을 먼저 쓴다.

3. 건축 문화

동양의 건축은 곡선이 많으면서 나무와 황토 등 주변 환경과 조화를 이루고 있으나, 서양의 건축은 탑과 같은 인위적인 느낌이 강한 건축물을 선호했다. 예를 들어 동양에서는 폭포가 발달했고, 서양에서는 분수가 발달했다.

4. 생활 문화

동양은 바닥에서 생활하는 온돌 문화가 발달했고, 서양에서는 일어서서 생활하는 입식 문화가 발달했다.

한국인들은 보자기에 물건을 넣었고, 서양인들은 가방 안에 물건을 넣었다. 가방은 물건을 넣거나 안 넣거나 형태가 변하지 않지만, 보자기는 어떤 물건을 넣느냐에 따라 보양이 다양하게 변한다. 이것이 바로 유연한 사고가 아닐까?

5. 신체 특징

동양인은 양의 기운이 위로 올라가는 기운으로 상체가 길고 하체가 짧고, 서양인은 음의 기운이 아래로 내려가는 형국이라 하체가 발달되었다.

6. 공동체 문화

동양에서는 우리나라, 우리 가족 등 '우리'라는 단어를 많이 쓰고, 서양에서는 '나(I)'라는 단어를 많이 쓴다. 특히 한국인들은 집을 감싸고 있는 울타리를 통해 '우리'라는 집단을 만들어 내기도 했다.

음식도 동양에서는 한 냄비로 여러 명이 나눠 먹지만, 서양에서는 자신의 취향에 맞게 개개인을 존중하는 마음으로 각자 덜어서 먹는다.

7. 카운트다운

동양에서는 카운트다운을 할 때 '하나, 둘, 셋'으로, 서양에서는 카운트다운을 할 때 'three, two, one'으로 한다.

8. 우주에 대해

서양인들은 우주 공간이 텅 비어 있다고 생각하고 텅 빈 공간 속에 있는 사물은 주변과 상관없이 독립적으로 존재한다고 믿어 왔다. 동양인들은 우주 공간이 기(氣)로 가득 차 있으며 그 기가 모여 사물이 생겨난다고 믿어 왔다.

9. 왜 서양에서는 명사가 발달하고, 동양에서는 동사가 발달했는가

사람이 차를 마시는 상황에서 '더 마실 것인가?'를 묻는 질문에 대해 서양인은 차(tea)라는 명사를 사용해서 'More tea?'라고 묻고, 동양인은 '마시다'라는 동사를 사용해서 '더 마실래?'라고 묻는다. 개체를 중시하는 서양에서는 명사를 중심으로 세상을 본다는 것이고, 관계성을 중시하는 동양에서는 동사를 중심으로 세상을 본다는 것이다.

10. 사물을 판단할 때

서양인은 물체의 모양을 기준으로 사물을 판별하지만, 동양인은 소재와 재질이 같은 것, 즉 본질과 물질 그 자체를 기준으로 사물을 판별한다.

11. 행동의 차이에 대해

서양에서는 누가 무례한 행동을 하게 되면 그 사람 본성이 무례해서 그렇다는 생각을 하고, 동양에서는 사람의 행동이 주변 상황에 따라 친절할 수도 있고 무례해질 수도 있다고 생각한다.

즉 상대방이 어떻게 행동을 하느냐에 따라 자신의 행동도 달라질 수 있다는 것이다. '오는 말이 고와야 가는 말이 곱다'는 옛말이 그것을 표현한다.

12. 커뮤니케이션의 차이에 대해

말하는 것을 즐기는 서양인은 시선, 제스처, 얼굴 표정 등 비언어적 행위를 적극적으로 하는 외향적 커뮤니케이션을 하고, 말하는 것을 자제하는 동양인은 예절을 중시해 감정을 절제하는 내향적 커뮤니케이션을 한다. 동양인은 추상적이며 총체적으로, 서양인은 구체적이며 분석적으로 커뮤니케이션을 한다.

이처럼 동서양은 여러 가지 면에서 다양한 문화적 차이를 갖고 있다. 물론 음과 양처럼 어느 쪽이 더 우월하다고 말할 수는 없지만, 중요한 것은 서로가 다른 점들을 보완하고 조화를 이루어 나갈 때 시너지 효과가 발생해 최상의 결과를 얻을 수 있다는 사실이다.

음양의 이해

음양(陰陽)은 다섯 단계로 변하는데 그것을 오행(五行)이라고 한다. 우주의 모든 사물과 현상은 달(月)과 해(日)를 상징하는 음양의 기운과 목(木), 화(火), 토(土), 금(金), 수(水)라는 다섯 가지 물질의 운동과 변화로 천지(天地)가 움직이고 있으며 이를 음양오행(陰陽五行)이라 한다.

일주일을 일(日), 월(月), 화(火), 수(水), 목(木), 금(金), 토(土)로 표현하고 있고, 한 달은 음(陰) 15일(달)과 양(陽) 15일(해)을 합해 30일로 이루어져 있다.

자연의 법칙에, 1년은 72후(候)가 있고 24절후(節候)가 있고 12달(月)이 있다. 5일(日)이 한 후(候)이고 이것이 셋으로 합해지면 5일+5일+5일=15일로 한 절후(節候)를 이루게 되고, 이 절후가 음(15일)+양(15일)으로 모여 30일이 한 달(月)이 된다. 한 달이 셋이 모여 봄(春), 여름(夏), 가을(秋), 겨울(冬) 4계절이 되고 1년이 되는 것이다.

시간이 모여 날(日)이 되고, 날이 모여서 달(月)이 되고, 달이 모여서 년(年)이 되는데, 이러한 천지(天地)는 음(陰)과 양(陽)의 이치이며 이것이 우주의 질서이자 법이다.

양이라 함은 겉으로 드러난 것, 동적인 것, 단단하고 크고 넓은 것, 에너지가 활발하게 작용하고 있는 현상 따위를 의미한다.

음이란 감추어진 것, 정적인 것, 부드러운 것, 작고 세밀한 것, 에너지가 고정되거나 형상화된 것을 의미한다.

음양이 변하면서 순환되는 과정 즉, 음양의 역동성을 오행(五行)이라 한다. 마음과 몸을 음과 양이라고도 한다.

음과 양을 도표로 비교해 보면 다음과 같다.

양(陽)	음(陰)
양지	음지
남(男)	여(女)
밖(外)	안(內)
위(上)	아래(下)
앞(前)	뒤(後)
낮(晝)	밤(夜)
육체	정신

양(陽)	음(陰)
날숨	들숨
+극	-극
능동적	수동적
이성	감성
홀수	짝수
해	달
양력	음력

태양(太陽), 즉 해(日)는 양(陽)이요, 태음(太陰), 즉 달(月)은 음(陰)이다. 우리가 '한 해가 지나고, 두 해가 지나고'하는 '해'가 바로 하늘의 해(日)를 말하며, '한 달이 지나고, 두 달이 지나고'하는 달이 바로 하늘의 달(月)을 말한다.

지구가 해를 기준으로 한 바퀴 공전하는 것이 바로 1년이라는 시간을 의미하는 한 해(年)를 말하고, 달이 지구를 한 바퀴 공전하는 데 걸리는 시간을 한 달(月)이라고 말하고 있다.

예로부터 천문학을 통해 우주와 하늘을 관찰해 온 우리 민족은 태양(太陽)을 해라고 말하고, 태음(太陰)을 달이라는 아름다운 말로 표현하면서 밤하늘의 수많은 별의 움직임을 통해 우리가 가야 할 방향을 찾아내곤 했다.

예로부터 해와 달은 하늘을 상징하고 한 나라의 주인(황제, 왕)으로 표현되어 왔다. 그 해와 달과 별이 우리나라 만 원권 지폐에 있다는 사실을 아는가? 전면 일월오봉도(日月五峯圖)에는 해와 달이 나오고, 세계에서 가장 오래된 천문도 중의 하나인 천상열차분야지도(天象列次分野之圖)와 혼천의(渾天儀)그림이 있는 후면에는 별이 나온다. 하늘을 향한 무한한 가능성의 믿음이 세계에서 유일하게 지폐에 해와 달과 별을 담게 한 것은 아닐까?

기(氣)의 종류에는 여러 가지가 있는데 다음과 같다.
"태어나면서 부모님에게서 받은 선천의 기와 음식물과 호흡에서 받은 후천의 기가 합쳐져서 된 기를 원기(元氣) 또는 정기(正氣)라고 한다. 또한 외부에서 들어오는 병균을 막아주는 위기(衛氣), 혈맥 안에서 몸의 영양을 돕는 기능을 하는 영기(營氣), 병을 발생시키는 사기(邪氣) 등이 있다"[1]

양수(陽數)는 1, 3, 5, 7, 9로 홀수 또는 천수(天數)라고 한다.

---

1 전주박물관 전시 '알기 쉬운 한의학의 원리'에서 인용

음수(陰數)는 2, 4, 6, 8, 10으로 짝수 또는 지수(地數)라고 한다.

생수(生數)는 1, 2, 3, 4, 5로 선천수(先天數)이며,

성수(成數)는 6, 7, 8, 9, 10으로 후천수(後天數)이다.

1과 6이 만나 1, 6 수(水)가 되고,

2와 7이 만나 2, 7 화(火)가 되고,

3과 8이 만나 3, 8 목(木)이 되며,

4와 9가 만나 4, 9 금(金)이 되며,

5와 10이 만나 5, 10 토(土)가 된다.

목(木), 화(火), 토(土), 금(金), 수(水)에 해(日)와 달(月)이 더해 져 음양오행(陰陽五行)이 되는 것이다.

역(易)의 탄생과 수(數)의 발견

　인류 문명의 아버지라고 불리는 태호(太昊) 복희씨는 지금으로
부터 약 5,700여 년 전 천하(天河, 송화강)에서 나온 용마(龍馬) 등
의 상(象)²을 보고 하도와 팔괘를 처음으로 그려 역(易)의 창시자가
되었다.

　역(易)은 우주의 섭리와 함께 동양사상과 문화 전반에 걸쳐 생
활 철학으로 지금까지 전해 내려오고 있다. 아래의 그림에서 보듯

하도(河圖)

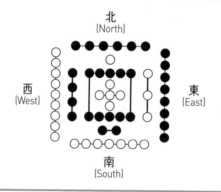

2　상(象)이라 함은 어떤 모양이나 형상을 말하는 것으로, 세상 만물이 생성되고 변화하는 것

용마가 물(水)에서 나왔듯이 수(數)의 시작도 북방에서 1이 생성되고 있음을 알 수 있다.

이 그림과 같이 순환 작용에 의해 1, 2, 3, 4의 서열이 정해지는데 한가운데 있는 생명과 정신을 합친 5가 1, 2, 3, 4와 다시 어우러져 6, 7, 8, 9라는 수(數)[3]가 나오게 된다. 10은 1, 2, 3, 4의 합으로 5가 스스로 변화한 것인데, 자연 그대로의 형상(形象)을 상수학(象數學)으로 기본 법칙을 세워 놓은 것이 바로 하도(河圖)이다.

1+5=6 이 1, 6 水

2+5=7 이 2, 7 火

3+5=8 이 3, 8 木

4+5=9 가 4, 9 金

5+5=10이 5, 10 土가 된다.

방위(方位)로는,

3, 8 木이 동(東)-청색-간장(肝)-봄(春)-인(仁)

　　이것은 나무에 새싹이 움트는 상으로 소년기를 말한다.

3　수(數)라 함은 상(象)으로 관찰되는 여러 현상들을 숫자라는 매개체로서 사람들이 이해하고 인지할 수 있는 대상으로 바꾸어 놓은 것

2, 7 火가 남(南)-적색-심장(心)-여름(夏)-예(禮)

　　이것은 나무에 화려한 꽃이 만발한 상으로 청년기를 말한다.

5, 10 土가 중앙(中央)-황색-위장(脾)-신(信)

　　이것은 나무에 생명력을 지탱하게 해주는 영양분으로 사계를 조화시키는 것을 말한다.

4, 9 金이 서(西)-흰색-폐장(肺)-가을(秋)-의(義)

　　이것은 나무에 열매가 열린 상으로 장년기를 말한다.

1, 6 水가 북(北)-흑색-신장(腎)-겨울(冬)-지(智)

　　이것은 나무의 열매가 땅에 떨어져서 새로운 생명을 잉태하기 위해 휴면하는 상으로 노년기를 말한다.

위의 간장, 심장, 위장, 폐장, 신장 등 5가지를 오장(五臟)이라 하고, 육부(六腑)는 위(胃), 소장(小腸), 대장(大腸), 방광(膀胱), 담(膽), 삼초(三焦)를 말하며, 이를 5장(臟) 6부(腑)라 한다.

오장은 우리들의 생명 활동에서 중요한 요소인 정(精), 기(氣), 신(神), 혈(血)의 저장소로서 생명의 근원이며, 육부 등 다른 장기 조직과 정신 활동의 중심 역할을 하고 있다.[4]

4　격암유록 '오행이란 무엇인가?' 참고

낙서(洛書)

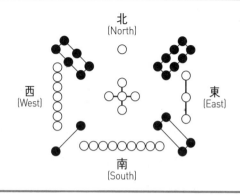

약 4,000년 전에는 우(禹)임금이 치수공사를 하던 중 물 속에서 나온 거북이 등에 있는 무늬를 보고 낙서(洛書)를 그리게 되는데 낙서의 수(數)는 가로와 세로, 대각선의 합계가 모두 15가 된다.

낙서(洛書)에 나타난 가로, 세로, 대각선의 합계는 15수(數)로 가장 중심을 의미하는 5와 10의 합을 말함과 동시에 우주의 질서

6	1	8
7	5	3
2	9	4

를 나타내고, 중심에 5가 있다는 사실을 알려준다.

이처럼 수(數)에는 우리가 알지 못하는 엄청난 비밀이 담겨 있기에 예로부터 수(數)를 모르고는 인생을 논하지 말라고 한 것이다.

달력에는 태음(太陰)인 달을 기준으로 한 음력이 있고, 태양(太陽)인 해를 기준으로 한 양력이 있다. 한 달을 30일로 하고 그것을 음과 양으로 나누면 15일+15일 해서 30일이 되고 365일을 1년, 12개월이라고 한다. 올림픽이 열리는 해, 즉 4년마다 윤년이 있어 1년 366일이 된다.

음(陰) 15일은 이해하고, 양(陽) 15일은 실천하면 된다. 특히 매일매일 음(陰)인 밤과 새벽엔 이해하고, 양(陽)인 오전과 오후에 실천해 보라.

◑ 음(陰) 15일(달): 이해(음양, 건곤감리, 선과 여백)
◑ 양(陽) 15일(해): 실천(생활 속에서 매일 실천)

33의 의미

하늘(天)에는 5운 6기, 땅(地)에는 5대양 6대주, 사람(人)에게는 5장 6부가 있기 때문에 인간을 작은 우주인 소우주(小宇宙)라 부른다.

보신각종

조선 시대 서울에는 사대문과 사소문이 있었는데, 사대문에는 어질 인(仁)을 사용한 동쪽의 흥인지문(興仁之門), 옳을 의(義)를 사용한 서쪽의 돈의문(敦義門), 예도 예(禮)를 사용한 남쪽의 숭례문(崇禮門), 그리고 지혜 혜(慧)를 사용한 북쪽의 홍지문(弘智門)이 있었다.

바로 인간이 지켜야 할 도리인 인의예지신(仁義禮智信)을 사대문을 통해 알렸고 그 중심인 한가운데에 '인의예지신' 가운데 으뜸인 믿을 신(信)자를 사용한 종을 보신각(普信閣)에 달아 매년 1월 1일 33번을 타종하면서 새해가 왔다는 것을 온 천하에 알려 왔다.

하늘(天)=5운(運) 6기(氣) = 5+6=11
땅(地)=5대양(大洋) 6대주(大洲) = 5+6=11
인(人)=5장(腸) 6부(腑) = 5+6=11

하늘(天)의 11, 땅(地)의 11, 인간(人)의 11을 합하면 모두 33이라는 숫자가 나온다. 그렇기 때문에 보신각에 있는 종을 33번치면서 하늘과 땅과 사람에게 알렸다고 보는 견해가 있다.

3월 1일 정오에 탑골공원에서 진행된 독립선언서를 낭독한 민족의 대표 또한 33인이었던 사실은 호기심 어린 결과로 다가온다.

어찌 됐든 세계 그 어떤 도시에도 없는 이런 심오한 진리가 담긴 사대문과 종이 있다는 사실과 그것을 우리 한민족의 조상들이 만들었다는 것에 대해 우리는 무한한 자긍심을 가질 필요가 있다.

수에 담긴 각각의 의미를 행동에 담아내자

앞에서 살펴봤듯이 하도(河圖)에서 자연 그대로의 형상(形象)을 상수학(象數學)적으로 기본 법칙을 세우면서 수(數)라는 개념이 생성되었다.

이렇게 생성된 수(數)는 만물의 척도로서 서구 문명의 발전 과정에서도 중요한 힘으로 작용했다. 근대 수학 발전의 초석을 다진 피타고라스의 "만물의 근원은 수(數)"라는 말처럼, 현대 과학은 수학 때문에 발전했다고 해도 과언이 아니다. 그렇다면 수(數) 자체가 지니고 있는 각각의 의미는 무엇일까?

각각의 수에 담긴 의미를 이해하고 있다면, 리더십을 발휘하는 데 좀 더 의미 있는 행동이 가능해진다.

0은 무한(無限)의 수이다.
다함이 없고 시작도 끝도 없는 영원한 수이며, 어떤 수와도 조합이 될 수 있는 무한대의 수를 나타낸다.

1은 하늘(天)의 수를 나타낸다.

1은 모든 사물의 기본을 나타내는 수이다. 하늘에는 해와 달과 별이 있다. 예로부터 우리는 태양을 해로 불러 왔고, 태음을 달로 불러 왔다. 하늘에 있는 해와 달과 별은 모두가 한 글자로 되어 있다. 따라서 1은 하늘의 수이며 시작의 수라고 할 수 있다.

2는 땅(地)의 수를 나타낸다.

우리가 살고 있는 땅을 우리는 자연(自然)이라고도 말하며 자연을 통해 신선한 공기를 얻고 시원한 바람으로 생활의 활력을 찾기도 한다. 땅에 있는 다양한 인종, 민족, 국가, 국기, 문화, 언어, 종교, 가치, 풍습, 기후, 식물, 동물 등 땅을 상징하는 대부분의 글자는 2를 의미하는 두 글자로 되어 있다. 2는 바로 음양의 모든 이치가 담겨 있는 자연의 수이자 땅의 수이다.

3은 인간(人)의 수이자 천지인 창조의 수다.

한 일(一)자와 두 이(二)자에 사람 인(人)을 넣으면 하늘 천(天)자가 된다. 하늘(天)과 땅(地)과 사람(人)은 하나다. 기원전 6세기 그리스 철학자 피타고라스는 3은 우주의 중심수라고 말했다. 따라서 3은 인간이 주인이 된다는 의미이자 천지인 창조의 수이다.

4는 사랑의 수, 안정의 수다.

하늘(天)에는 원형이정과 동서남북 사방위가 있고, 땅(地)에는 춘하추

동 사계절이 있다. 사람(人)에게는 사지(四肢)가 있고 인간이 지켜야 할 도리인 인의예지(仁義禮智)가 있듯이 이 모두는 네 글자로서 천지인 모든 것의 질서를 알고 순응하면서 그것을 사랑하라는 안정의 수이다. 대한민국(大韓民國) 또한 네 글자이고 우리 민족의 정신, 널리 인간을 이롭게 한다는 뜻을 지니고 있는 홍익인간(弘益人間) 또한 네 글자이다.

5는 오늘의 수요, 축복의 수요, 신의 수이다.

5는 바로 오늘 이 순간을 중요시하는 오늘의 수요, 축복의 수이며, 중심의 수이다. 오행에 있어 5라는 수는 중심을 상징하며, 여성을 상징하는 최초의 짝수 2와 남성을 상징하는 홀수 3의 결합수가 5가 되기 때문에 5를 인간 그 자체라고도 한다. 그래서 5월에는 많은 행사가 있다. 근로자의날, 어린이날, 어버이날, 스승의날, 성년의날, 부부의날, 음력 5월 5일 단오 등 인간으로서 지켜야 할 중요한 행사가 모두 5월에 있는 것이다. 5는 바로 모든 것을 도와주는 신의 수요 중심의 수이다.

6은 육신, 생명의 수이다.

사람의 몸을 우리는 육체라고 한다. 우리 몸을 지탱하게 해주는 물 중에서 가장 좋은 물(水)이 바로 육각수이다. 6은 바로 생명력의 원동력인 육신(신체)의 수요, 우리에게 생명력을 불어넣어 주는 힘의 원천인 생명(生命)의 수(數)이자 명예의 수이다.

7은 완전 수, 비밀의 수, 행운의 수이다.

하늘에는 북두칠성이 있고, 땅에는 곤륜산 **7**봉이 있고, 사람의 얼굴에는 예로부터 칠성판이라 하여 **7**개의 구멍이 있다. 우리는 **7**이라는 수를 '행운의 럭키 세븐'으로 부르고 있다.

8은 팔자(八字) 펴는 수이다.

태극의 괘는 원래 팔괘(八卦)이다. 우주의 근본 사상을 담고 있는 수이니 만큼 팔괘의 의미를 알고, 아름다운 팔도강산(八道江山)과 세계를 돌아다니면서 세상을 포용할 수 있는 호연지기를 기르고, 세계 인류를 위해 사랑을 나누면서 봉사하는 것이 바로 팔자 펴는 삶을 사는 것이다. 성서의 역사에 나오는 물의 심판에서 살아남은 노아의 방주에도 **8**식구가 승선했다. **8**은 바로 팔자 펴는 재물의 수이다.

9는 구하는 수이다.

소원이 있거든 진실한 마음을 갖고 기원하고 구해 보라. 바른 정신과 마음이라면 반드시 구해질 것이다. **9**는 바로 세상을 구하고 나라를 구하고 국민과 이웃을 구하고 우리 모두를 구하는 수이다. 구천의 하늘을 향해 구하라.

10은 열리는 수이자 완성수이다.

10은 우주가 수의 값으로 표현된 '완성의 수'라고 할 수 있다. 예로부터 우리는 10이라는 수에 대해 '만물의 주재자'로 신성하게 여겨 10에 대해 거룩한 기원을 하기도 했다. 대부분의 기념식, 즉 삼일절, 제헌절, 개천절 등은 오전 10시에 행사를 진행한다. 개업일은 가급적 매월 10일 오전 10시에 하는 것이 좋고, 이사를 갈 때 첫 짐을 넣는 시점도 오전 10시경에 가져다 놓으면 좋다. 열(10)면 열린다.

11은 일어나는 수다.
단합대회 등 좋은 의미로 화합하는 시간은 가급적 11시경에 하는 것도 좋을 듯하다. 11은 일어나라는 의미의 수다.

12는 한 해를 이루는 결실의 수를 의미한다.
일 년은 바로 열두 달이다. 그래서 1년(年), 12개월(月), 365일(日)인 것이다.

수(數)에 담긴 의미를 필자 스스로가 풀어 봤다. 수(數)에 대해 과학적으로 풀이한 책도 있고, 종교적으로 해석한 것도 있을 수 있겠지만 이 책에서 나온 수의 풀이는 필자 스스로가 태극원리를 집필하면서 생각하고 경험한 것을 바탕으로 순수한 의미에서 해석했음을 알려 둔다.

세계 속의 서울, 월드컵 축구와 수(數)의 연관성

우리나라의 수도 서울은 음양의 이치를 담고 있는 신비의 도시다. 음양을 상징하는 강남과 강북을 중심으로 한강이 흐르고 있고, 올림픽대로가 있는 강남 잠실에서 1988년 서울올림픽이 열려 민주주의 국가와 사회주의 국가의 화합을 통한 전 세계인들의 축제가 되었다. 그로부터 14년이 지난 2002년 강북의 상암동에서 2002년 한일 월드컵이 개최되었다.

그때 필자는 2002년 월드컵을 앞두고 우리 대표팀이 16강은 물론이고 최소 8강 이상도 가능하다는 칼럼을 전 일간지와 각종 게시판에 게재한 적이 있다. 물론 음양과 수리학적 분석으로 한 예측이었다. 그것을 계기로 몇몇 언론에 필자의 글이 기재되기도 했다. 그때 필자가 쓴 칼럼을 잠깐 살펴보도록 하자.

먼저 필자의 〈2002 월드컵 축구 승리의 해법〉이란 칼럼을 보자.

"…중략… 이 작은 축구공이 의미하는 것은 무엇인가? 둥근 축구공은 바로 원을 의미한다. 원은 우주요, 지구요, 하나 됨을 의미한다. 둥근 축구공처럼 인종과 이념, 종교와 문화 간의 갈등 그 벽을 넘어 세계가 하나 되는 것을 뜻하는 것이다. 1988 서울올림픽 개막식 때 푸른 잔디 위의 굴렁쇠가 생각나지 않은가? 바로 2002 월드컵 축구대회는 둥근 공이 굴러가듯이 온 인류가 화합하면서 지구촌이 하나 되는 메시지를 담고 있다. …중략… 1930년 남미 우루과이에서 제1회 대회를 시작한 FIFA 월드컵 축구대회가 그것도

72년 만인 2002년 한국과 일본에서 처음으로 공동개최를 하게 된다. 2002년이란 의미는 수리학적으로 풀어 보면 앞으로 하나 뒤로 하나 매 한가지 2002가 된다. 1년 12개월에서 12라는 숫자 또한 1년 중에서 가장 큰 달이며 완성(完成)을 의미한다. 흔히 한 달에는 30일 또는 31일이 있다. 30이라는 의미는 한 달에 꽉 찬 숫자로서 완성(完成)을 의미한다. 그래서 세계인의 축제인 2002년 월드컵 축구대회가 음(陰) 36년(年), 양(陽) 36년(年)이 지난 지금 정확하게 72년(年)만에 완성의 의미로 1달(月)인 31일간 열리는 것이다. …중략… 서울 상암동 월드컵 축구 경기장을 보면 지붕에 16개의 기둥이 있는데 이것은 대한민국이 16강에 올라간다는 것을 의미한다. 그리고 방패연 모양의 경기장을 자세히 보면 꼭지점이 8개가 나온다. 인간이 연을 만들어도 하늘에서 바람이 불지 않으면 연을 날릴 수 없다. 따라서 온 국민이 선수들과 함께 한마음 한뜻으로 염원한다면 하늘에서 바람을 불어 연을 띄우듯이 대한민국이 8강 이상도 진출 가능하다는 의미이다. …중략…"

또 필자가 쓴 2002년 6월 2일자 한겨레신문 기사를 보자.

"수리학으로 보면 16강이 가능하다. 우리 국기가 태극 모양이다. 태극은 바로 음과 양을 뜻한다. 1930년 우루과이 대회에서 2002년 한일 월드컵대회까지 72년은 음(36년-북한), 양(36년-남한)으로 나뉜다. 1966년 영국월드컵에서 북한이 8강에 진출했다면 이번에는 한국이 8강에 오르는 게 순리다. 북한 8강+남한 8강=16이라는 숫자가 나오기 때문이다."

2002년 6월 17일자 중앙일보 34면에도 필자가 쓴 36년 주기 답습설에 대한 보도가 있었다.

"북한은 월드컵 대회 창설 이후 36년 만에 결선 토너먼트에 진출했고, 한국은 북한이 결선에 진출한지 36년 만에 다시 결선에 올랐다는 것, 당시 북한은 D조였는데, 올해 한국도 D조다. 북한은 당시 소련(동구), 칠레(아메리카 대륙), 이탈리아(서유럽) 순으로 대결했는데, 한국도 이번에 폴란드, 미국, 포르투갈 순으로 경기를 치러 똑같은 코스를 밟고 있다는 것이다. 한국은 북한(8강)과 마찬가지로 중요한 길목에서 이탈리아와 만났다."

위의 칼럼의 원문을 보고자 한다면 www.ctci.co.kr에 들어가 '박영찬의 성공전략칼럼'을 참고로 하면 된다. 이 칼럼들은 필자가 월드컵 개막 2~3개월 전에 언론사를 비롯한 각종 인터넷 게시판에 올렸던 글이었음을 알려둔다.

2018년, 대한민국 평창에서 또 다른 올림픽이 우리를 기다리고 있다. 5대양 6대주 지구촌이 하나 될 평창동계올림픽. 그리고 꿈과 비전과 열정으로 2020년 한민족은 세계의 빛이 되리라 기대해 본다.

좋은(good) 리더에서 위대한(great) 리더로!

태극은 이 시대를 사는 우리에게 '음양합일(陰陽合一)' 즉, 조화로움과 소속감, 그리고 서로 공생하고자 하는 상생(相生)의 리더십(WIN-WIN)을 알려주고 있다. 즉, 원형(圓形)의 음양이 나타내는 아날로그적인 감성과 각형(角形)의 4괘가 나타내는 디지털적인 사고가 적절히 조화를 이루고, 더 나아가 거기에 사랑이라는 감정을 품을 때 위대한 융합 리더로서 최고의 힘을 발휘할 수 있는 것이다.

여기에서 위대한 리더란 세상을 변화시키는 영향력을 바탕으로 전 세계를 자신의 친구로 만들 수 있는 아름다운 사람을 뜻한다.

옛날 중국에선 세 가지 기를 습득한 자가 제왕이 될 수 있다고 했다. 그 첫 번째는 천기(天氣)로 하늘의 기를 붙잡는 것이고, 두 번째는 지기(地氣)로 땅의 기를 붙잡는 것, 세 번째는 인기(人氣)로 사람의 기를 붙잡는 것이다. 이러한 세 가지의 기(氣)를 잡을 수 있어야 한 나라를 다스릴 수 있다고 한다. 아무리 하늘과 땅의 기를 잡아도 사람의 마음을 붙잡는 인기(人氣)가 없다면 왕은 될 수 있어도 제왕이 될 수는 없다는 이야기이다.

그렇다면 위대한 리더십을 갖추기 위해 구체적으로 어떤 능력을 갖춰야 할까. 바로 호감 가는 매력적인 리더십을 구사해야 한다.

가정이나 기업, 국가를 경영하는 데 있어 가장 중요한 것 중 하나가 바로 인간관계다. 미국 데일 카네기 연구소에서 카네기 공대 학생들을 대상으로 조사한 결과 성공에 있어 15%는 기술과 지식, 85%는 인간관계 능력에 달려 있다는 조사 결과가 바로 이러한 사실을 뒷받침해준다.

세계적인 리더십 프로그램을 만든 데일 카네기는 전문가, 리더에 대해 다음과 같이 정의하고 있다.

T.Q.L(Total Quality Leadership)

전문가 = 기술적 측면(기술, 지식) + 인간적 측면(매력, 영향력)

(관리자)   (리더)

현대는 기술적 역량인 실력과 함께 인간적 매력인 인격을 함께 갖추는 것이 중요하다는 사실을 T.Q.L(Total Quality Leadership)을 통해 알 수 있다.

그렇다면 무엇이 실력이고 무엇이 인격(인품)인가?

우리는 흔히들 '아! 나는 저 분에게 배우고 싶다'는 말을 한다. 누군가로부터 무엇인가를 배우고 싶은 마음이 생길 때 그 사람을 가리켜 실력을 갖춘 사람이라고 말한다.

그리고 '선생님, 저는 선생님 같은 훌륭한 사람이 되고 싶어요.' '아빠, 엄마! 저는 아빠, 엄마 같은 인생을 살고 싶어요'라고 말하는데, 흔히들 누군가를 닮고 싶어 하는 마음이 생긴다면 그 누군가를 인격(인품)을 지닌 사람으로 보면 된다.

배우고 싶은 사람, 닮고 싶은 사람이 바로 21세기가 원하는 리더다.

그리고 더 나아가 실력과 인격의 중심에 제5의 원소인 사랑이 있어야 한다. 실력은 있되 인격이 없는 사람, 인격은 있되 전문성이 없는 사람이 아닌, 실력과 전문성을 갖추면서 인격과 인품을 함께 갖추고 또 사랑을 실천할 수 있는 사람이 주위 사람들을 감동시키는 위대한 리더십을 발휘할 수 있고, 위대한 리더가 될 수 있다.

우리가 사는 이유는 사랑받기 위해서다. 사랑이란 말을 과학적으로 설명하면 어떻게 표현할 수 있을까?

'A는 B를 사랑한다'는 말은 'A는 B에게 집중한다'는 말과 같다. 사랑은 집중이다. 집중은 호감을 말한다. 어떤 것에 집중을 하게 되면 사랑이 느껴지고 호감도 또한 높아질 수밖에 없다.

사랑이 없는 리더십으로는 결코 진정한 리더가 될 수 없다. 실력과 인격과 사랑을 동시에 지닌 사람이 바로 이 시대의 위대한 리더이다.

인간적인 매력 > 업무 능력

업무 능력은 높으나 인간적 매력이 없는 사람이 있고, 인간적 매력은 있어 호감도가 높지만 업무 능력이 떨어지는 사람이 있다면 누구를 선택하겠는가?

2005년 하버드대 경영대학원의 티지아나 카시아로와 듀크대 미겔 수자 로보 교수의 연구 결과에 의하면 대부분 후자인 업무 능력은 떨어지나 인간적인 매력이 높은 사람을 선택했다는 재미있는 조사 결과가 있다.

물론 실력과 인간적인 매력 모두를 갖추면 좋겠지만 하나를 선택하라면 인간적인 매력을 지닌 사람을 선택한다는 사실을 명심해야 한다.

조지타운대 경영대학원 로히트 바르가바 교수 역시 자신의 저서 《호감이 전략을 이긴다》에서 비슷한 능력이라면 이왕이면 호감 가는 사람과 일하려고 하는 성향을 대부분 갖고 있으며 호감이 능력보다 더 중요한 요소라고 강조했다.

호감 가는 사람이 되고 싶은가? 주위 사람들에게 집착이 아닌 집중을 해보라. 사랑은 바로 집중이고 집중이 바로 호감으로 연결된다.

모난 부분 없이 원으로

지금까지 우리는 태극원리 중 음양의 리더십을 통해 음양은 단순히 고전에서만 볼 수 있는 것이 아니라, 현대 디지털 문화의 중심에서도 관찰할 수 있고 나아가 세계 속의 동서양 차이에서도 존재한다는 것을 확인할 수 있었다.

현대적 관점에서 음양의 리더십은 부드러움을 추구하는 아날로그 감성 리더십과, 결단력과 대범함을 추구하는 디지털 리더십이 조화를 이룰 때, 사람의 마음을 헤아리고 리드해 나갈 수 있다는 것이다. 그리고 우리의 일상생활을 풍요롭게 만들기 위해 반드시 추구해야 할 중요한 가치가 바로 음양의 조화라는 것이다.

이성과 감성, 뛰어난 두뇌와 손재주, 따스한 가슴을 지닌 신바람 민족. 삼성과 LG를 비롯한 대한민국의 과학 기술이 전 세계 공항에 자리하고 있는 것은 음양이 조화를 이루어 낸 우리만의 강점이 아닐까?

우리는 여러 차이 때문에 끊임없이 갈등하게 된다. 세대 차 때문에, 성격 차이 때문에, 이해관계 때문에, 정치적 대립 때문에 갈등한다. 그것을 극복하는 길은 바로 음양의 조화처럼 서로의 생각을 이해하고 양보하면서 배려하는 마음에 있다.

심리학자인 빅터 프랭클(Victor Frankle)은 "자극과 반응 사이에는 빈 공간이 있다. 그리고 그 공간에 우리의 반응을 선택하는 자유와 힘이 있다. 그 반응에 우리의 성장과 행복이 달려있다"고 말했다. 서로가 대립을 할 때는 빈 공간만큼의 여유와 배려심이 필요하다.

음과 양은 서로 상반된 성질이지만 독립적으로는 존재할 수 없다. 사회생활도 마찬가지다. 혼자서는 존재할 수 없고 사람들과 관계를 맺고 협력하면서 살아가는 것이 인생이다. 대립이 아닌 상생(相生)의 관계를 유지하는 것, 개인의 행복과 인류의 평화를 실현하기 위한 것, 이것이 바로 태극이 표현하는 리더십이요, 음양이 조화를 이루는 리더십이다.

서로 다른 성질을 가졌지만 서로가 조화롭게 상생할 때 덕(德)이 나오고, 모난 부분 없이 아름다운 원의 형태로 만들어 주는 것이 바로 음양의 리더십이다.

태극원리 캔버스(Canvas)

1. 무한성	2. 창의성	8. 유연성	7. 생명력
집중력 상상력 잠재력	시각과 관점전환 혁신과 독창성 차별성, 탁월성	친화력과 포용력 부드러움과 강함 순발력과 문제해결	동기부여(지속성) 질서와 조화 건강과 회복성
3. 지향성	12. 인류애	6. 정직성	9. 투명성
굴광성(빛) 가치와 비전 언어와 철학	진리와 사랑 희생과 봉사 영적지수와 사명감	양심과 신뢰 신념과 자신감 책임감과 성실성	청렴성과 도덕성 외면과 내면 일치 정화와 재생
10. 역동성	11. 표현력	5. 공평성	4. 다양성
열정 경쟁력 추진에너지	테크닉과 매력 울림과 여운 감동과 감탄	공평과 유익 선의와 우정 균형과 중립	변화와 융합(관용) 다채로움(WIN-WIN) 문화와 여행

'태극원리 캔버스'는 4×3=12가지 태극원리(4×9=36)를 하나로 펼친 지도와 같다. 상단 좌·우측 건(하늘○양)과 감(물S음)은 큰문 ┏ ┓ 모양으로 위에서 아래로 향하고 있고, 하단 좌·우측 리(불△양)와 곤(땅□음)은 ┛┗ 모양으로 아래에서 위를 향하고 있다.

그림은 상하좌우(◑◐) 모두 음양(陰陽)의 형태를 취하고 있다.

태극원리 DACL(Digital Analog Convergence Leadership) 프로그램은, 한글로는 태극원리 다클(DACL) 과정이다. '태극원리를 통해 본성(本性)을 찾으면 다 크게 된다'고 해서 다클(DACL) 과정이다. 여러분도 도전해 보라.

제3장

여백은 아무것도 없으면서(無) 무엇을 표현할 수 있다는(有) 뜻이다. 시야를 넓혀 여백을 바라보자.
뛰어난 디자인, 뛰어난 미술 작품 속엔 항상 여백의 미가 함께하고 있음을 발견할 수 있다.

우리가 채워 나갈
의미 있는 공간
선과 여백

태극기 속에 흰 여백은 음양과 사괘, 원과 선 등 각 요소들 사이에서 살아 숨 쉬는 숨결과도 같다. 무의미한 공간도 의식 속에 자리매김되면 의미 있는 공간으로 변한다. 여백은 자신을 되돌아볼 수 있는 시간이며, 우리가 채워 나갈 새로운 미래이기도 하다.

Chapter 06

선線과
여백餘白의 미

태극기의 흰 바탕은 여백(餘白)의 미(美)를 나타낸다.

먼저 여백은 빈 자리, 빈 공간을 상징한다. 주의할 점은 단순히 채우다 멈춰 버린 공백과는 다르다는 것이다. 예를 들어 디자인 분야에서는 이미지나 글로 채워진 공간만큼 여백의 공간 또한 중요한 역할을 한다. 이처럼 여백은 채워지지 않은 미완의 공간이 아닌, 무한한 가능성을 지닌 메시지를 담아내는 '의미가 부여된 빈 공간'이라 정의할 수 있다. 따라서 태극원리의 완성은 여백의 미를 발견하는 것으로부터 시작된다.

이 장에서는 선(線)을 통한 간결성과 단순성, 여백을 통한 비우기와 자리매김에 대해 배워본다. 그리고 우리가 채워갈 아름다운 미래에 대해 상상해보는 시간이기도 하다.

선

선(線)은 가늘기도 굵기도 하며, 길기도 짧기도 하다. 힘이 있고 생동감이 넘치며 곡선은 꿈틀거리기도 한다. 힘 없이 부드럽고 한없이 여리기도 하다. 이렇듯 선은 우리가 마음에 품고 생각하는 대로 여러 모습으로 바뀐다. 똑같은 모양의 선이라도 바라보는 사람의 마음에 따라 그 느낌이 달라질 때도 있다.

그런 선의 특성이 태극에서는 간결성을 나타낸다. 우리는 책을 읽을 때 중요한 부분에 밑줄을 긋곤 한다. 여기에서 선은 우리에게 불필요한 것에서 벗어나 핵심 사항을 간결하게 알려주는 역할을 한다.

한 줄로 표현하지 못하는 것은 프레젠테이션이 될 수 없다는 말도 있다. 한 줄의 미학, 마치 신문의 헤드라인처럼 간결한 문구가 사람을 자극한다. 한 마디의 짧은 글과 슬로건이 사람을 움직이게 하고 많은 여운을 남긴다.

이렇듯 태극에서 선이 우리에게 주는 의미는 바로 핵심에 대한 간결성이다. 그리고 간결성 안에는 복잡한 각각의 기능을 하나로 묶은 단순성이 함께한다.

비우고 줄이면서 핵심을 찾아 간결화시키는 것이 필요하다. 반드시 해야 할 일을 시스템화하고, 반드시 중요하고 필요한 것은 간결히하는 것이다. 대표적인 제품이 바로 전화와 PC 기능을 하나로 묶어 커뮤니케이션의 혁신적 도구가 된 스마트폰이다.

아인슈타인은 "어떤 것을 단순하게 설명할 수 없다면 당신은 그것을 충분히 이해하지 못한 것이다"라고 말했다. 우리가 핵심을 이해하고 잘 안다는 것은 쉽게 설명할 수 있다는 뜻이다. 간결하고 단순화할 수 있는 능력을 가졌다는 것은 무한성의 원리에 의해 당신도 훌륭한 리더가 될 수 있다는 뜻이다.

생텍쥐페리는 이렇게 말했다.

"더 더할 게 없을 때가 아니라, 더 뺄 게 없을 때 완벽한 디자인에 도달할 수 있다."

핵심을 간결하게 말하는 것은 모든 의사소통의 핵심이다. 간결성은 핵심 사항이 무엇인지 상대방이 쉽게 알게 해주고, 또 상대방이 무엇에 집중해야 하는지를 빠르게 인식시켜 준다. 즉, 불필요한 시간 낭비를 막아 주고, 명확한 의사 전달이 가능하도록 도움을 준다. 화려한 수식어구와 반복된 강조는 오히려 의사 전달을 모호하게 만들 뿐이다.

자카르타 여행 중 우연히 보게 된 〈로크〉라는 영화는 주인공이 차를 운전하면서 시작된다. 그리고 시종일관 카메라는 차 안을 비춘다. 단순한 공간인 승용차 안에서 모든 상황이 벌어지는 싱글로케이션 영화이기 때문이다. 아이러니한 것은 영화 내내 차 안에서 전화를 걸고 받는 장면이 쉼 없이 반복되지만 지루하지 않다는 것이다. 단순한 화면 속에 인간의 고뇌와 다정한 감정 표현, 얼굴 표정, 비언어적 요소와 함께하는 대화내용은 한편의 인생 드라마를 보는 듯 다양한 삶의 단면을 보여주기 때문이다.

　이 영화는 때론 단순함 속에 다양함이 존재할 수 있다는 것을 보여주면서 단순함과 간결미가 집중시킬 수 있는 힘의 극치를 보여준다.

여백

태극기의 흰 바탕은 여백(餘白)의 미(美)를 나타낸다.

먼저 여백은 빈 자리, 빈 공간을 상징한다. 주의할 점은 단순히 채우다 멈춰 버린 공백과는 다르다는 것이다. 여백은 똑같이 빈 공간임에도 어떤 의미가 부여된 공간이다. 빈 공간에도 어떻게 의미를 부여하는지에 따라 사람들이 느끼는 감정은 달라진다.

따라서 여백의 미는 '의미가 부여된 빈 공간'이라고 정의한다. 그런 의미에서 여백은 우리에게 있어 가치를 깨닫게 해 주는 무한한 가능성을 지닌 소중한 공간이다. 비움으로써 여백을 둘 수 있고, 더욱 채워 나갈 수도 있기 때문이다.

디자인에 있어 이미지나 글로 채워진 공간만큼 여백의 공간 또한 중요하다. 여백을 보는 시야를 가져라. 뛰어난 리더십, 뛰어난 디자인 속에 여백의 미가 있음을 알아야 한다. 태극기에서 흰 여백은 사괘와 음양, 선과 원 각 요소들 사이에서 살아 숨 쉬는 숨결이라는 생명력을 느끼게 해 준다.

자리매김

- 박영찬

새벽에 눈 뜨면
안개 걷히듯 떠오르는
그대 얼굴!

은은한 라벤더
향기처럼 마음 깊이
자리매김하네요.

서로의 빈 자리
서로의 여백을
숨결로 채워 주며

달콤한 솜사탕처럼
꽃망울이 피어나듯
살아 있는 그대

세상 여백을 채워 주는
그대를 자리매김으로
부르고 싶습니다.

자리매김이란 무엇인가?

채움과 비교해 보면, 자리매김은 고정적으로 의식하는 것이고, 채움은 빈 부분을 메우는 것이다. 의미 없던 무언가가 자리매김을 통해 사람들의 의식 안에 인식되는 것이다. 더 나아가 지속적이고 고정성을 띤 하나의 큰 의미가 되는 것이다.

김춘수 시인의 〈꽃〉이라는 시가 있다. "내가 그의 이름을 불러 주기 전까지 그는 하나의 몸짓에 지나지 않았다. 내가 그의 이름을 불러주었을 때 그는 비로소 나에게 와 꽃이 되었다." 이런 것이 자리매김 아닐까? 여러분은 누군가에게 자리매김의 대상이 되고 싶지 않은가?

그림을 그릴 때 아마추어는 도화지를 가득 채우려 하지만 전문가는 어떤 내용과 어떤 색을 제거하면 훌륭한 작품이 될 수 있을까를 생각한다고 한다. 이것이 바로 여백의 미(美)이다.

한옥의 기와들은 1% 정도를 남겨두고 비워두면서 모자란 공간을 천천히 채워 나간다는 것을 아는가? 순금도 정작 분석해 보면 순도 100%가 아닌 99.9%라고 한다. 이렇듯 부족한 것이 모자람이 아닌 사례들은 많다. 그만큼 채울 수 있는 여백의 공간이 있다는 것을 의미하기 때문이다.

한옥을 보면 우리는 선과 곡선, 비우기와 채우기, 자연과 조화로운 아름다운 여백의 미를 발견할 수 있다. 특히 황금으로 물든 들판과 노랗게 물든 은행나무, 붉게 물든 단풍, 그리고 새를 위해 감을 남겨 두는 여유로움 속에 조상들의 넉넉한 인심도 볼 수 있다. 리더가 갖추어야 할 선(線)과 여백의 미가 여기에 있다.

다시 정리하면, 여백은 아무 것도 없는 빈 공간이면서, 무엇이든 표현할 수 있는 공간이다. 태극의 바탕을 이루고 있는 4가지의 선과 그 안에 있는 하얀 여백을 통해 리더십을 위한 여백의 미(美)를 체득해 보자.

흔히 동양화를 '여백의 미술'이라고 하고 서양화를 '채우는 미술'이라고 한다.

최근 들어 여백은, 빠르게 변화하는 바쁜 일상 속에서 한 숨 틔워 주는 삶의 휴식이란 의미인 힐링의 측면에서 종종 사용된다.

삶의 여백 없이 앞만 보고 달려가는 현대인들에게 잠깐이라도 자신을 되돌아볼 수 있는 여백의 시간은 재충전의 시간이 되기 때문이다.

이런 여백의 특성을 잘 활용한다면 리더십 향상에 촉매제 역할을 할 수 있을 것이다.

• 선과 여백의 미에 하이컨셉(high concept)의 날개를 달아 보자

여러분은 기업이나 상품에 대해 한 줄의 짧은 글로 핵심을 간결하게 표현해 낼 수 있는가?

《새로운 미래가 온다》의 저자이자 미래학자인 다니엘 핑크(Daniel H. Pink)는 개념과 개성이 강조되는 지금 시대엔 하이컨셉(high concept) 및 하이터치(high touch)의 재능이 하이테크 능력이라고 강조했다.

여기에서 하이컨셉이란 서로 연관 없어 보이는 아이디어를 결합해 예술적, 감성적인 아름다움을 창조해 내는 새로운 능력이며, 창의성과 독창성에 기초하여 공감을 이끌어내는 능력이다. 하이컨셉이 전하는 의미는 핵심을 간결하고 단순화시킬수록 좋다. 메시지에 대한 집중이 더욱 강해져 공감으로 이어지기 때문이다.

예를 들면, "10년은 기술이고 100년은 철학이다", "세상에 없는 쇼를 하라", "지금 바로 시작하라!(Just Do It!)", "고향의 맛 다시다" 등 수없이 많다.

특히 "고향의 맛 다시다"는 한국 최초의 제대로 된 컨셉 상품이라고 할 수 있다. '고향의 맛'은 누구에게나 있을 수 있는 추억의 콘텐츠로 그것을 감성 마케팅으로 승화시킨 좋은 사례이다.

대중은 제품의 기능이나 성능뿐만 아니라 제품에 담긴 감동적이면서도 강력한 핵심 메시지에도 열광한다. 제대로 된 상품의 가치는 '제품력(브랜드 전략) + 마케팅력(비즈니스 전략)'에 달려 있다. 무엇인가 부족한 빈 공간을 간결한 핵심 문구인 하이컨셉이라는 훌륭한 날개로 채운다면 그 제품의 경쟁력은 훨씬 강력해질 것이다.

사람도 마찬가지다. 각자의 역량에 인격이라는 멋진 날개가 함께한다면 훌륭한 리더로 성장할 수 있다. 한마디의 말로 핵심적인 나를 표현할 수 있는 하이컨셉의 메시지를 만들어보자. 나와 우리 제품, 기업을 한마디로 표현할 수 있는 짧은 핵심메시지 말이다.

비우기와 내려놓기

술잔은 비운 만큼 채워진다. 내 마음 속에 가득 찬 욕심을 비워 보라. 새로운 힘, 새로운 열정, 새로운 희망 등 새로운 것들로 가득 채워질 것이다.

계영배(誡盈杯)라는 술잔엔 다음과 같은 뜻이 전해진다.

"가득 차는 것을 경계하는 잔, 넘치게 되면 건강도 해치고 남에게 실수도 함으로 경계함을 가르치는 잔, 옛 조상들은 모자람의 미덕을 강조하셨습니다"라는 글귀로 전주전통주박물관은 계영배(誡盈杯)를 소개하고 있다.

한국 전통 가옥의 마당을 보면 아무것도 두지 않고 빈 공간으로 남겨두는 것이 원칙이다. 우리의 전통 가옥의 내부가 좁아도 집이 넓어 보이는 것은 사실 마당이 넓기 때문이다.

그런데 그런 한옥에 들어가 집 안에서 창문을 여는 순간 모든 것이 풍부해져 보인다. 마당은 분명 빈 공간이지만 단순한 빈 공간이 아니기 때문이다.

듬성듬성 심어져 있는 꽃 한 송이 풀 한 포기가 마당을 다 채우

모자람의 미덕을 강조한
계영배

는 듯 시선을 사로잡는다. 어쩌다 날아오는 참새 한 마리도 비어
있는 마당 속에서는 큰 중심을 차지한다. 작고 사소한 무언가가 언
제든 주인공이 되는 것이다. 비어 있는 마당이기에 가능하다.

그렇게 조금씩 채워지다 보면 마당은 금새 다시 꽉 차고 만다.
그럼 다시 조금씩 조금씩 비워내야 한다. 가득 찬 마당은 누구도
주인공이 될 수 없기 때문이다.

이렇게 비움과 채움은 서로 상호보완적인 관계에 있다. 비우지
않으면 채울 수 없고, 채우지 않으면 또한 비울 수 없게 된다. 한마
디로 비움은 채움의 또 다른 모습이라고도 할 수 있다.

몸과 마음에 쉼을 두고 느리게 사는 여유를 가져보라. 그리고 생

각을 내려놓는 시간을 가져보라. 그 순간, 그 공간은 지혜로 채워질 것이다. 이제까지 쉼 없이 달려와서 보지 못했던, 그렇지만 삶에서 정말 소중한 것들이 하나씩 보이기 시작할 것이다.

진정한 리더라면, 항상 큰 것만을 소리쳐서는 안 된다. 작지만 소중한 것들도 하나씩 꺼내 들며 보살펴야 한다. 하지만 빠르면 놓친다. 큰 것만 보이기 때문이다. 그래서 속도를 늦추고 비우고 내려놓아야 한다.

태극이 말하는 여백의 미는 빠른 삶의 속도를 줄이고, 마음을 비워 생각을 내려놓고 그래서 작지만 소중한 것들을 느껴야 한다는 것을 알려준다.

• 네이버와 구글의 검색창

대표 포털 사이트인 네이버(NAVER)와 구글(Google)의 검색창을 보면 확연한 차이가 난다.

가능한 많은 정보를 제공하는 네이버의 검색창은 복잡할 수밖에 없다. 그런데 막상 검색을 하려다가도 다른 정보에 관심이 가게 되고 결국 하려던 검색은 나중으로 밀리는 경향이 있다.

반면 구글은 여백의 미를 강조함으로써 검색 본연의 역할을 더욱 충실히 강조하고 있음을 알 수 있다. 검색창 주변이 여백으로 채워져 있어 다른 데 신경 쓸 이유가 없다. 정말 정확하게 검색에만 집중할 수 있는 것이다.

네이버도 우수한 기능을 가진 포털 사이트지만 이렇게 단지 검색 기능에 대한 편의성만 본다면 네이버보다는 구글이 집중도에서 훨씬 뛰어나다고 말할 수 있다.

이처럼 여백은 채워지지 않은 쓸모없는 공간이 아니다. 채움보다 더욱 효과적인 가치가 있음을 우리는 알 수 있다.

삶에 있어서도 잠시 여백을 둔다면 여유라는 것이 생겨난다. 중요한 것은 여유로운 사람만이 창의적인 사고를 하게 된다는 점이다. 새로운 생각을 하려면 머릿속에 그 생각을 담을 빈 공간이 필요하기 때문이다.

또 여백이 있어서 여유가 있는 사람은 소통을 잘한다. 상대방의 이야기를 듣고 담아낼 빈 공간이 마음속에 충분히 있기 때문이다.

이처럼 리더십 그 이면에는 타인을 담아둘 충분한 여백의 미가 있음을 잊어서는 안 된다. 그 여백은 우리가 나름대로 채워 나갈 아름다운 미래의 공간이기도 하다.

제4장

지금까지 우리는 하늘(건)의 정신공부, 땅(곤)의 마음공부, 물(감)의 몸공부, 불(리)의 조화공부를 통해 12가지 기본 태극원리를 배웠다. 그리고 이 태극원리 속에는 음양이라는 디지털과 아날로그 융합의 힘이 존재함을 느꼈고, 선과 여백의 미를 통해 핵심과 우리가 채워 가야 할 미래의 모습을 상상해 보기도 했다.

최근 융합(convergence)이라는 말이 화두가 되고 있다. 태극원리의 궁극적 목적은 하늘과 땅과 사람, 자연과 세계가 하나 되는 데 있다. 하늘의 공기, 땅의 흙, 물, 불 네 가지 원소와 사랑이라는

원으로
하나 되는 세상

제5의 원소와의 융합으로 인류와 자연이 공존할 수 있는 해법을 이제 원을 통해 찾고자 한다. 원으로 하나 되는 세상을 우리는 만들어 가야 한다.

이것은 이 시대를 살아가는 우리 모두에게 주어진 하늘의 사명이다. 《한국형 리더십》은 바로 글로벌 리더십이며 나를 깨닫고 세상을 바꾸는 위대한 여정이자 우리에게 주어진 축복의 선물이기도 하다.

Chapter 07

세상의 중심은
우리가 있는 곳

태극의 원은 우주와 지구와 인간(소우주)을 상징한다.

우리의 정신과 마음과 몸은 모두 우주의 중심과 세상의 중심 그 한가운데에 있고 그것이 바로 태극의 원이다.

원은 시작도 없고 끝도 없는 존재이며, 크기는 달라도 언제나 한결같은 모양을 취한다. 어느 곳을 축으로 해서 돌고 돌아도 항상 제자리로 돌아오는 속성을 갖고 있다.

원은 바로 우주의 중심이요, 진리요, 창조를 말하며 한마디로 다함이 없는 무극(無極)이라고 할 수 있다. 성인들이 깨달은 우주의 근원적 진리 또한 원으로 표현된다.

1988년 서울 올림픽 개막식 때 하나의 아름다운 퍼포먼스가 있었다. 바로 올림픽 개최 도시를 알린 연도에 태어난 윤태웅 군에 의해 이루어진 굴렁쇠 퍼포먼스! 침묵이 흐르는 푸른 잔디 위를 한 소년이 지구를 굴리듯 세계가 하나 됨을 알린 이 장면은 많은 사람들에게 진한 감동과 함께 역사적인 순간을 기록한 하나의 사건이었다.

우리는 태극의 원을 통해 인간 본래의 정신과 마음인 본성(本性), 그리고 초심으로 돌아가는 리더의 마음을 배울 수 있다.

이제 위대한 태극원리 컨버전스 리더십의 마지막 장, 모두가 하나 되는 우주 그 자체이자 창조를 나타내는 원을 통해 하늘, 땅, 물, 불의 융합 그리고 자연과 인간을 향해 한결같은 우주근본 원리에 대해 알아보자.

태극은 우주의 근본을 나타낸다.

오행을 뜻하면서 하늘과 땅을 의미하고 있기도 하다.

태극의 원은 우주요, 지구요, 인간이요, 전 세계 인류와 자연 모두가 하나 됨을 의미한다. 이것이 위대한 태극원리가 지향하는 궁극적 목적이다.

태극의 음과 양이 더해져서 새싹이 나오듯이 새 역사가 나오게 된다.

이것은 아름다운 소식을 전하는 것과도 같다.

아름다운 소식이란 바로 세계는 대한민국으로 오게 되고,

한민족과 대한민국은 세계로 뻗어 가게 된다는 것이다.

세계인의 가슴에 뜨거운 열정과 우주의 정신을 심어 줄

태극 정신을 잊지 말자.

전 세계가 한 마음으로 하나 되는 그날을 위해.

원은 중심을 잡는 것이다

리더십에 있어서 태극의 원은 중심을 의미한다. 우리 모두는 스스로의 중심이며, 더 나아가 세상의 중심이자 우주의 중심이다. 중요한 것은 중심은 어느 한곳으로 치우치지 않는다는 것이다.

원은 태극에서 볼 때 선으로만 동그랗게 둘러쌓여 있는 모양을 말하는데, 한마디로 시작도 없고 끝도 없는 존재, 그 자체이다. 그 크기는 달라도 모양은 어느 한쪽으로 치우치지 않고 언제나 동그란 모양을 취하고 있으며, 어느 곳을 축으로 해서 몇 바퀴를 돌고 돌아도 항상 원래 제자리로 돌아오는 속성을 갖고 있다. 바로 음양을 뜻하는 낮과 밤이 주기적으로 반복하면서 생명을 지켜주는 우주의 섭리를 나타내고 있는 것이다.

리더로서 흔들리지 않는 리더십을 발휘하려면 삶을 살아가는 방법에서 정신과 마음과 몸의 중심잡기가 필요하다. 즉 삶의 기본에 충실하면서 우주의 참된 이치를 깨닫고 그 원리대로 살아가야 한다. 그래야 어느 한곳에 치우치거나 부족함이 없게 된다.

리더가 편협한 생각에 한쪽으로 치우치면 개인을 넘어 조직에도 큰 악영향을 끼치게 된다. 물론 부족할 때도 마찬가지다. 어느 한곳이 소외되고 외면 받게 된다.

하지만 조금만 신경을 안 쓰면 우린 강한 쪽으로 치우치고, 넘치는 쪽으로 관심을 두게 마련이다. 그러다 시간이 지나면 강하고 많은 것을 가진 쪽에서만 움직이는 편협된 리더가 되고 만다.

따라서 의도적으로 항상 중심이 잡힌 리더십을 발휘할 수 있도록 신경 써야 한다. 의식 중에 힘 없고 소외 받은 이들을 위한 리더십을 항상 남겨둬야 한다.

진정한 리더십은 강하고 가진 자들을 위해서만 발휘되는 것이 아니라는 점을 명심하자.

당신을 저의 세계로 초대해도 될까요? May I invite you to my world?

필자는 우연히 스웨덴 대사 부인이 태극기를 활용한 작품 전시회를 연다는 기사를 접하게 되었다. 섬유직조 예술가이기도 한 에바 바리외(Eva Vargo)가 한국과 스웨덴 수교 50주년을 기념해 태극기로 선보인 예술 작품들은 2009년 4월 인사동에서 'In Flow Motion'이라는 이름으로 만나볼 수 있었다.

하늘에 수를 놓은 듯 창의적인 작품들과 땅의 다채로움을 표현한 작품, 마치 살아 숨 쉬는 듯 요동치는 물의 생명력과 파도치는 형태의 유연성, 모두가 하나 되기를 기원하는 것 같은 불의 메시지 등 그녀의 작품을 감상하면서 느끼는 감동은 태극원리 책을 준비하는 필자에게 하나의 동질감으로 다가왔다.

"한국의 태극기에는 '인생의 균형'이 담겨 있어요. 이것을 한국의 전통 종이, 한지로 표현하고자 했습니다."

건(乾☰)괘를 한지에 수놓은 에바(Eva)의 작품 "헤븐(Heaven II)"

그녀는 태극기에 대한 자신의 느낌에 대해 이렇게 표현했다.

작품에서 그녀는 태극기에 나오는 건(乾☰하늘) 곤(坤☷땅) 감(坎☵물) 리(離☲불) 등을 각각의 뜻에 맞게끔 표현했고, 나머지 8개 작품에서는 태극 8괘(卦)의 기본 형태를 다양한 방식으로 조합해서 하늘, 땅, 물, 불, 파도, 산, 빛, 고독, 초연함, 접촉 등을 한지에 아름답게 수놓았다.

여러 나라를 돌아다니면서 각국의 다양한 문화를 경험할 수 있었던 그녀는 이번 예술 작품을 선보이기 위해 우리나라 고유의 디자인과 전통을 찾던 중 "대한민국의 상징인 태극기를 보고 무언가 깊은 뜻이 담겨 있는 것 같아 인터넷으로 찾아보았고 이어 태극기에 그려진 팔괘가 상세히 설명돼 있는 중국의 경전, 주역까지 공부하게 됐다"고 했다. 그때 느낀 태극의 뜻과 팔괘, 그리고 한지를 바탕으로 작품전을 열게 된 것이다.

작품집 마지막에 나오는 그녀의 메시지는 다음과 같다.

"복잡한 세상시를 내려놓고 당신이 좀 더 위대한 무언가의 한 부분이라고 느끼는 것이야말로 무한한 변화 속에 있는 우리 삶의 순환 고리를 완성하는 것이다."

외국인이 태극기를 보고 '인생의 균형'이 담긴 의미 있는 작품전을 여는 신선한 모습에서, 태극사상은 세계와도 통할 수 있는 원리라는 사실을 알게 되었다.

원은 중심을 놓는 것이다

"중심은 놓아 버릴 때 잡을 수 있다."

행동에 있어서 진정한 리더십은 중심을 잡는 것이다. 약한 자와 강한 자 사이에서, 가진 자와 없는 자 사이에서, 배운 자와 못 배운 자 사이에서 어느 한곳에 치우치지 않고 중심을 잡는 것이 진정한 리더십이요, 진정한 리더인 것이다.

이번엔 놓아야 하는 중심이다. 바로 마음에 있어서 진정한 리더십을 말하는 것인데, 이때 중요한 것이 중심을 놓는 것이다. 난세에 영웅이 난다는 말이 있다. 리더가 발휘하는 리더십 또한 위기에서 빛을 발하게 된다. 문제는 위기 상황 속에서도 침착하게 여유를 갖고 평온함을 유지함으로써 마음의 중심을 유지할 수 있어야 한다는 것이다. 일상에서 평온을 유지하면서 상대를 받아들이며 마음의 중심을 유지하는 것은 누구나 가능한 일이다. 하지만 막상 위기가 닥치면 서두르게 되고 그러면 작은 것들을 놓치게 되고 결국 일을 그르치게 된다.

이때 중요한 것은 중심을 놓아야 한다는 것이다. 억지로 중심을 잡으려고 하면 절대로 잡히지 않는다. 마음의 중심은 잡는 것이 아니라 놓는 것이기 때문이다. 즉 마음을 비우고 욕심을 비우고 원칙과 원리대로 일을 풀어가야 한다는 이야기이다.

내 마음의 중심을 붙잡고 망설이거나 주춤해서는 안 된다. 결국 욕심이 되고 일을 그르치게 된다. 순수하게 일이 풀리는 방향으로 중심을 옮겨보자. 진정한 리더십이 발휘될 것이다.

때로는 태극의 원처럼, 마음의 중심을 놓아 버리고, 정신과 생각을 내려놓고, 마음을 비우면서 삶의 여유를 갖고 인생을 즐겨보자.

원은 현재를 비추는 거울이다

어제, 오늘, 내일, 여러분의 마음은 어디에 있는가? 오늘 이 시간 이 땅에서 우리가 호흡하고 있다는 것은 정말 위대한 축복이 아닌가?

리더로 살고 싶다면 오늘, 현재, 지금 이 순간을 소중히 여기며 살아가야 한다. 지금 이 순간에 집중을 하고 다음의 질문에 답해 보기 바란다.

"가장 중요한 시간은? 가장 중요한 사람은? 가장 중요한 일은?"

가장 중요한 시간은 지금 이 순간이고, 가장 중요한 사람은 지금 함께하고 있는 사람이다. 지금 주위를 한번 둘러보라. 누가 옆에 있는가? 그에게 희망의 말이나 표정을 지을 수 있는가?

그래서 진정한 리더십은 지금 이 순간 만나는 모든 사람들과 모든 것들을 비추어 나를 일깨워 줄 수 있는 거울에서 나온다.

거울은 항상 현재를 비춘다. 그래서 항상 거울에 현재를 비춰보라. 혹시 거울에 담지 못한 고민으로 시간을 낭비하고 있지 않은

지, 또는 불확실한 미래 때문에 확실한 현재를 망쳐버리는 건 아닌지 반성해야 한다.

과거를 반성하고 미래를 준비하지 말자는 이야기가 아니다. 지금 카페에서 누군가와 이야기를 나누고 있다고 생각해 보자. 그런데 며칠 후에 일어날지도 모르는 어떤 일 때문에 도무지 현재의 미팅에 집중하지 못 한다면 이것은 얼마나 시간 낭비인가. 이때 거울이 필요하다. 고민에 사로잡혀 상대방의 이야기에 관심도 못 기울이고 인상만 찌푸린 모습을 스스로 거울에 비춰 봐야 한다. 그래야 불확실한 미래가 현재를 어떻게 망치고 있는지 정확히 알 수 있기 때문이다.

진정한 리더는 먼저 현재에 집중해야 한다. 지금 이 순간을 가장 중요한 시간이라 생각하고, 지금 만나고 있는 사람에게 기쁨과 희망을 전해주기 위해 최선을 다해야 한다.

언제든 현재를 비출 수 있는 거울을 준비하라. 자꾸만 과거로, 미래로 가려 하는 마음을 다잡아야 한다.

여러분의 달력과 시계는 지금 이 순간 어디에 있는가?

성공한 사람의 달력: Today(오늘)

실패한 사람의 달력: Tomorrow(내일)

성공한 사람의 시계: Now(지금)

실패한 사람의 시계: Next(다음에)

당신에게 가장 중요한 때와

당신에게 가장 중요한 일과

당신에게 가장 중요한 사람은 누구인지 아는가?

당신에게 가장 중요한 때는 지금 현재이며

당신에게 가장 중요한 일은 지금 하고 있는 일이며

당신에게 가장 중요한 사람은 지금 만나고 있는 사람이다.

- 톨스토이의 단편 〈세 가지 의문〉 중에서

• 세 잎 클로버의 행복을 잡아라

'어떻게 태어났느냐'보다 더 중요한 것은 '어떻게 살아가느냐'이다. 행복을 자기 것으로 만들면서 축복 받는 삶을 살아가는 사람이 있는 반면에 행운만을 쫓아다니는 사람 또한 적지 않다.

네 잎 클로버가 행운의 상징이라면, 세 잎 클로버는 행복을 상징한다. 행복은 가까이 있고 행운은 멀리 있는데, 왜 사람들은 가까이 있는 행복은 멀리하고, 멀리 있는 행운만을 잡으려고 하는 것일까?

자신의 고귀한 삶을 단지 운에 맡길 것인가? 신념을 갖고 운명을 개척해 나갈 것인가? 지금 이 순간 마음을 여기에 두고 행복하게 살아가는 사람은, 행운을 잡으려고 하지 않아도 행운이 스스로 나를 찾아오게 된다.

그래서 가치와 철학이 필요하다. 내 인생의 가치는 어디에 있는가? 한 번쯤 생각해 본 적이 있는가?

"세상을 깨우는 것은 큰 소리가 아니라 철학이다."
이것은 100년 철학을 강조하는 뉴 체어맨 광고에 나왔던 말이다. 철학이 담긴 메시지가 사람을 움직이듯이 우리가 어떠한 가치를 갖고 삶을 살아가는가는 우리가 가는 길에 많은 영향력을 미치게 된다.

올바른 걸음이 올바른 길을 만든다. 그 길은 어떤 길일까? 이미 만들어진 길도 있고, 내가 만드는 새로운 길도 있다. 나는 물론이고 남에게 도움 되는 사랑의 길도 있고, 손실을 주는 길도 있다. 인생은 길을 만들면서 걸어가는 것과 같다.

운동을 하는 사람은 운동선수로서의 길을 가고, 음악을 하는 사람은 음악인의 길을 가고, 과학을 하는 사람은 과학자로서의 길을 가고 있다. 스피치를 잘하고 커뮤니케이션을 잘하기 위해서도 길을 알아야 한다. 그리고 스스로가 그 길을 체험하면서 걸어가야만 한다. 길에 익숙해지면 용기가 생기고 자신감이 넘쳐 난다. 그 길은 바로 위대한 우리의 삶 속에 존재하고 있다.

나의 삶을 솔직하고 꾸밈없이 있는 그대로 말할 수 있는가? 내 존재를 자신 있게 드러낼 수 있는가? 준비되고 내면화된 리더십이야말로 사람을 움직이는 강력한 힘이다. 삶에 있어 축복 받은 이야기를 해보라. 감동 받은 이야기를 해보라. 기쁘고 슬펐던 그때 그 순간을 이야기하라.

삶은 바로 길이다. 자신이 걸어온 길을 이야기할 수 있는 사람이 바로 가치 있는 사람이고, 그 사람이 위대한 리더로서 리더십을 발휘할 수 있다.

풀 수 없는 문제를 푸는 사람

2006년 타임지가 선정한 가장 영향력 있는 100인에 선정, 2009년 한국인 최초로 아이비리그(미국 동부 8개 명문 사립내) 대학의 총장으로 취임, 2012년 세계은행(WB) 총재로 선출. 하버드대 출신의 한국인 김용은 이처럼 화려한 길을 걸었다.

그가 이 같은 길을 걸을 수 있었던 것은 확고한 가치관과 철학으로 봉사 리더십을 실천했기 때문이다.

"결핵은 되는데 에이즈는 왜 안 되느냐?"면서 2005년까지 300만 명 이상의 에이즈 환자가 치료 받을 수 있게 하겠다는 목표를 세우고 인류의 질병 퇴치를 위해 헌신해 온 사람이 바로 김용이다.

그는 다섯 살 때 부모님과 함께 미국으로 건너갔다. 대학 재학 시절 빈민국을 위한 의료 구호단체를 설립해 동료들과 봉사 활동을 다녔고, 졸업 후에도 꾸준한 질병 퇴치 활동을 했다. 그리고 2004년부터는 세계보건기구에서 에이즈 국장을 맡아 헌신적인 활동을 해 오면서 '나'보다는 '우리'에 더 많은 관심을 갖는 게 습관이 될 정도로 인류를 향한 사랑을 실천했다.

많은 사람들은 그를 '세상을 변화시킬 수 있는 믿음을 주는 사람'이라고 평가한다. 다트머스대학 총장이 된 계기에 대해 그는 이렇게 말했다.

"혼자서는 아무리 열심히 해도 그 영향력이 제한적이지만, 훌륭하게 자랄 가능성이 높은 젊은이들을 가르쳐 사회로 내보내면 더 많은 변화를 일으킬 수 있다."

이러한 정신을 바탕으로 그는 풀 수 없는 문제를 푸는 가장 이상적인 사람으로 인식되고 있다.

그는 성공이란 의미를 전문직으로 크게 성취한 것에서 벗어나, 이웃에게 따스한 사랑과 눈길을 보내며 더불어 사는 법을 실천하는 것으로 만들었고, 21세기의 인재를 '나눔의 리더십을 실천하는 사람'으로 각인시켰다.

지금까지 우리는 하늘의 믿음(신의)을 통한 정신공부, 땅의 다양한 변화를 통한 마음공부, 물의 생명력과 사람과의 교류를 통한 몸공부, 불의 열정과 표현력을 통한 조화공부 등 15가지 위대한 태극원리를 배웠다. 그리고 의미 있는 공간인 여백을 통해 우리가 채워 나갈 미래를 꿈꾸었고, 음양의 무궁한 변화 속에 성장을 향한 동력을 키웠다.

위대한 태극원리의 완성을 위해선 원을 통한 완전한 세상, 자연과 세계 인류가 하나 되는 아름다운 세상을 만들어 가는 진정한 공부가 필요하다. 공부(工夫)의 의미는 무엇일까? 공부는 하늘(一)과 땅(二)을 사람(人)이 잇는 것을 말한다. 그야말로 하늘이 우리에게 준 본성(本性)으로 돌아가 보다 큰 일을 할 수 있는 사명감을 갖게 하는 데 위대한 태극원리의 목적이 있다.

지금은 하늘과 땅과 사람이 함께 공존하면서 하나 되는 통합의 시대, 즉 인간 완성을 통해 사람이 주인공이 되는 성공시대(成功時代)이다. 하늘이 있기에 땅이 존재하고, 하늘과 땅이 있기에 그 주인공인 인간이 살아가고 있다. 하늘과 땅과 사람은 서로에게 없어서는 안 될 소중한 존재다. 그 소중한 하늘과 땅과 사람이 성공할 수 있는 섭리와 원리가 담겨있는 것이 바로 위대한 태극원리요, 융합으로 성과를 내는 컨버전스(convergence)리더십이다.

옛 고서에 쓰여 있길,

사람의 신체는 마음과 기와 몸으로 이루어져 있다고 한다.

마음(心)에는 선과 악이 있고,

기(氣)에는 맑고 탁함이 있으며,

몸은 덕(德)이 있고 없음이 상반되게 보이니

위대한 태극원리를 통해

바른 호흡과 감각을 되찾아

올바르게 인생을 사는 건 어떨까?

천원지방(天圓地方)이란 말은 '하늘은 둥글고 땅은 사각형이다'
라는 의미를 담고 있다. 태극 사각형은 땅이고 가운데 둥근 원은
하늘을 의미하기도 한다. 하늘은 우주에 살아 있는 모든 생명체를
포용한다. 원 안에 천지만물 우주가 담겨있다. 그래서 예로부터 하
늘을 태일(太一)이라고 했다.

모든 도형은 태극에서 나온다. 태극을 알면 세상이 보인다. 태극
안에 모든 것이 다 있다. 2013년 9월 20일 추석이 지난 다음 날 오
전 7시 15분, 나도 모르게 머리가 열렸다. 하늘과 땅과 인간, 1년
12달 365일, 춘하추동의 모든 이치가 태극 속에 그 비밀을 담고 있
었다. 하늘에서 전해진 한글 창제의 비법이 태극의 원형 속에 있을
줄이야! 한글은 우주 만물 삼라만상의 진리와 이치, 음양오행의
기운을 담은 과학적인 언어다.

인간이 살아가는 삶의 궁극적 목적은 무엇일까? 그 목적은 바로
하늘과 땅과 사람이 하나 되는 데 있다. 흔히들 인간을 소우주라고

한다. 인간을 위해 천지가 있고, 일월이 있고, 밤낮이 있고, 음양이 있다. 이렇게 소중한 인생인데 헛되게 살겠는가? 아니면 나를 바꾸고 세상을 변화시키는 근원으로 돌아갈 것인가? 인간 본래의 참모습을 찾고 생명의 근원으로 돌아가는 것, 그것이 바로 태극원리가 추구하는 목적이다. 건(하늘), 곤(땅), 감(물), 리(불) 태극의 4괘에서 나오는 4가지 원소인 공기, 흙, 물, 불이 하나가 되는 융합의 힘이야 말로 현대 인류가 직면한 문제를 해결해 주는 핵심이라고 생각한다. 여기서 우리가 주의해야 할 점은 기술 융합은 단순한 비판자의 관점이 아닌 관찰자의 관점에서 접근해야 한다는 것이다.

인류가 한 뿌리에서 나왔듯이, 모든 문명은 하나에서 시작되어 하나로 돌아가는 것이 근본이다. 태극의 원이 바로 시작과 끝이자 모든 것을 하나 되게 해 주는 상징과도 같다. 바른 정신, 바른 마음, 바른 자세로 양심껏 살면서 타인이 잘되게 하는 공부가 바로 태극원리인 것이다.

2008년 12월 23일 필자는 태극원리 완성을 위해선 직접 하늘을 날아 보고, 새로운 땅과 자연을 접하는 길밖에 없다고 생각하고 베트남 호찌민행 비행기에 몸을 실었다. 첫날은 호찌민에서 하루를 보내고 다음날 오전 8시 10분에 달랏(Dalat)으로 가는 버스를 탔다. 베트남의 휴양지로 알려져 있는 달랏은 고산 지대에 위치한 아름다운 도시로, 남부의 경제 도시인 호찌민에서 버스로 약 7시간 정도 걸리는 먼 거리에 위치하고 있다.

필자는 7시간 동안 KAIST 학생들의 발표와 리포트 내용을 검토하면서 그 다양한 내용들 속에 유사성이 있음을 발견하고 그것을 정리하는 가운데 12가지 태극원리를 만들 수 있었다. 한국으로 돌아오는 비행기 안에서 12번째 원리가 만들어졌을 때 시간은 밤 8시 10분이었다.

카이스트 '바이오 및 뇌공학과'가 있는 정문술 빌딩

그때 기분은 정말 하늘을 날아갈 듯이 기뻤다. 문제는 12번째 원리가 사랑과 봉사였는데 그것을 대체할 세 글자의 단어가 없을까 고민하다가 일주일 동안 마음을 비우고 산책하면서 기도한 끝에 '인류애'라는 단어를 얻었다. 인류를 사랑하는 것이야말로 최고의 선이자 태극원리의 완성이다.

이렇게 4일 만에 하늘(건)에서 정신공부를 위한 3가지 탐구 역량, 땅(곤)에서 마음공부를 위한 3가지 내적 역량, 물(감)에서 몸공부를 위한 3가지 대인 역량, 불(리)에서 3가지 소통 역량, 즉 12가지 원리가 만들어지게 된다. 4일 동안 태극원리가 완성되는 순간의 집중력은 정말 대단했다.

아름다운 보석 같은 《15가지 태극원리로 배우는 한국형 리더십》을 발간하는 데 모체가 되었고 도움을 준 카이스트 '바이오 및 뇌공학과'에 진심으로 감사드린다. 지난 10여 년 동안 '과학 리더십 커뮤니케이션' 과목을 수강하면서 태극원리에 대해 함께 토의하고 프레젠테이션하면서 영감을 일깨워준 카이스트 학생들에게도 진심 어린 감사의 마음을 전한다.

인류에게 마지막 전쟁이 있다면 인간과 자연과의 전쟁이 될 것이다. 천지인이 하나가 되어야 함에도 불구하고 인간은 자연을 파괴하고 있다. 하늘을 매연으로 오염시키고 물을 탁하게 만들고 잘못된 불의 사용으로 자연을 불태우고 있다. 지구 온난화 문제는 기상학적 측면에서만 접근해서는 안 되고 과학, 역사, 정치, 경제, 사회, 문화, 인류학 등 모든 학문을 연결하고 융합해서 보다 넓은 차원에서 바라보고 접근할 때 해결할 수 있다.

지금도 늦지 않았다. 태극원리가 주는 선물과 함께 하늘과 땅과 사람이 하나 되는 인간 본연의 자세인 본성(本性)으로 돌아가자. 그것이 진정한 행복으로 가는 인류애의 실천이자 현 시대의 문제를 풀 수 있는 해법이기도 하다.

태극원리가 주는 제1의 원소는 하늘의 공기, 제2의 원소는 땅의 흙, 제3의 원소는 물, 제4의 원소는 불, 그리고 제5의 원소는 천지인 온 우주가 하나 될 수 있는 '사랑'이다. 정신과 마음과 몸의 삼합(三合)으로 네 가지 원소에 사랑이라는 제5의 원소가 하나 되어 융합하면 새로운 감각이 열려 모든 것과 통하게 되고, 전 세계 인류는 상생이라는 이름으로 공존하게 될 것이다.

15가지 태극원리에서 배우는
한국형 리더십

초판 1쇄 2014년 6월 30일

지은이 박영찬
펴낸이 성철환 **편집총괄** 고원상 **담당PD** 최진희 **펴낸곳** 매경출판㈜
등 록 2003년 4월 24일(No. 2-3759)
주 소 우)100-728 서울특별시 중구 퇴계로 190 (필동 1가) 매경미디어센터 9층
홈페이지 www.mkbook.co.kr
전 화 02)2000-2610(기획편집) 02)2000-2636(마케팅)
팩 스 02)2000-2609 **이메일** publish@mk.co.kr
인쇄·제본 ㈜M-print 031)8071-0961

ISBN 979-11-5542-128-4(03320)
값 15,000원